直播电商:
从基础到实务

隋东旭 编著

清华大学出版社
北京

内容简介

当前，直播凭借场景化营销、娱乐化的内容、多元化的传播方式等特点和优势，已经成为重要的营销渠道。本书共分为8章，分别介绍直播电商概述、直播前期准备、直播电商的运营、直播数据分析与复盘、直播电商客户服务与物流、抖音电商平台实战、快手电商平台实战、其他电商平台实战。无论是企业、商家还是个人创业者，都能借助直播这种新的营销渠道获取流量、凝聚人气、推广商品、获得利润。

本书适合新媒体营销的学习者和从业者阅读，也可以作为本科院校、高职院校网络营销与直播电商类、电子商务类、企业管理类专业的新媒体营销课程的教学用书。

本书封面贴有清华大学出版社防伪标签，无标签者不得销售。
版权所有，侵权必究。举报: 010-62782989, beiqinquan@tup.tsinghua.edu.cn。

图书在版编目（CIP）数据

直播电商: 从基础到实务 / 隋东旭编著. — 北京: 清华大学出版社，2022.11（2024.2重印）
ISBN 978-7-302-61935-2

Ⅰ. ①直⋯ Ⅱ. ①隋⋯ Ⅲ. ①网络营销 Ⅳ. ①F713.365.2

中国版本图书馆 CIP 数据核字（2022）第 180902 号

责任编辑: 吴梦佳
封面设计: 常雪影
责任校对: 袁 芳
责任印制: 曹婉颖

出版发行: 清华大学出版社
网 址: https://www.tup.com.cn, https://www.wqxuetang.com
地 址: 北京清华大学学研大厦A座
邮 编: 100084
社 总 机: 010-83470000
邮 购: 010-62786544
投稿与读者服务: 010-62776969, c-service@tup.tsinghua.edu.cn
质量反馈: 010-62772015, zhiliang@tup.tsinghua.edu.cn
课件下载: https://www.tup.com.cn, 010-83470410

印 装 者: 三河市龙大印装有限公司
经 销: 全国新华书店
开 本: 185mm×260mm
印 张: 13.75
字 数: 312千字
版 次: 2022年11月第1版
印 次: 2024年2月第2次印刷
定 价: 49.00元

产品编号: 095959-01

前　言

我国的直播电商行业起步于2016年电商平台对新业务模式的探索，从2019年开始，市场增长迅速。2019年，我国直播电商市场规模达到4338亿元，比2018年增长了226.2%。2020年，我国直播电商市场规模达到9610亿元，同比大幅增长121.5%。随着直播电商行业"人货场"的持续扩大，直播将逐步渗透至电商的各个领域。

直播电商作为一种新兴的营销方式，具备诸多与传统电商不同的特点。由于直播电商可节约用户购买成本、顺应消费下沉趋势、给用户一种专业导购式的体验，直播电商发展迅速，具备内生驱动力。直播电商作为新兴行业在蓬勃发展，未来或将成为经济发展的新引擎。

本书一共分为8章。

第1章　直播电商概述。本章主要以介绍直播电商的概念、特点和流程为切入点，细致地讲解直播电商的发展现状，并对未来趋势做了展望，最后讲述了直播电商相关的法律法规。

第2章　直播前期准备。本章主要介绍直播前期要做好直播选品、直播团队构建、直播活动策划、直播预告策划和直播设备的配置与直播间的布置等工作。

第3章　直播电商的运营。本章主要介绍在直播运营过程中，为了更快地增加直播间的粉丝，应该注意直播间语言技巧的修炼、直播间商品的展示与呈现、直播间的互动技巧及引流策略。

第4章　直播数据分析与复盘。本章主要介绍直播数据分析常用的工具、方法和指标，便于学生根据数据做出更好的判断，进行复盘。

第5章　直播电商客户服务与物流。本章主要介绍直播电商客户服务的流程、策略和语言技巧，还介绍直播电商仓储与物流管理。

第6章　抖音电商平台实战。本章主要介绍抖音平台的特点和生态特征，开展抖音直播操作流程及抖音直播电商案例深度解析。

第7章　快手电商平台实战。本章主要介绍快手平台的特点和生态特征，开展快手直播操作流程及快手直播电商案例深度解析。

第8章　其他电商平台实战。本章主要介绍淘宝电商平台、小红书电商平台、拼多多电商平台、唯品会电商平台等多个平台的特点及运营实操。

本书的特点如下。

（1）从实用角度出发，内容详细全面。本书从零基础的学习者视角出发，在阐述直播的基本知识的同时，对如何打造直播间、如何做好直播前的准备、如何策划直播、如何引流等不同的方面对电商直播做了详尽全面的介绍。

（2）图文结合。本书采用图文结合的形式，在正文中插入了大量的图标，让学习者简单明了地学习到关于直播电商的重要知识点。

（3）多模块结合。本书除正文内容外，还设置了本章目标、重难点、课堂活动、本章考核检测评价，帮助读者从多角度掌握书中的知识。

（4）教学资源丰富。本书提供配套使用的电子课件、课后习题答案、期末试卷及答案、教学进度表、电子教案等教学资源。

由于编著者水平有限，书中难免存在疏漏之处，敬请专家和读者不吝赐教。

编著者

2022 年 2 月

目 录

第1章 直播电商概述 / 1

1.1 直播电商的认知 / 2
1.1.1 直播电商的概念 / 2
1.1.2 直播电商的特点 / 2
1.1.3 直播电商的相关理论 / 6

1.2 直播电商模式与流程 / 9
1.2.1 直播电商的三种模式 / 9
1.2.2 直播电商活动的流程 / 10

1.3 直播电商的发展现状及趋势 / 12
1.3.1 直播电商的发展现状 / 12
1.3.2 直播电商的发展趋势 / 17

1.4 直播电商相关规定与监管 / 19
1.4.1 网络直播基础层面的相关规定 / 19
1.4.2 网络直播平台准入许可涉及的规定 / 20
1.4.3 网络直播平台面临的主要监管规则 / 22

本章考核检测评价 / 28

第2章 直播前期准备 / 29

2.1 直播选品 / 30
2.1.1 直播选品的概念 / 30

  2.1.2 直播选品的方法 / 31

  2.1.3 直播间产品供货渠道的选择 / 34

2.2 直播团队构建 / 36

  2.2.1 直播间人员配置 / 36

  2.2.2 直播间各个岗位的岗位职责 / 41

2.3 直播策划 / 43

  2.3.1 直播脚本的策划 / 43

  2.3.2 直播活动主题脚本的策划与设计 / 47

  2.3.3 直播内容脚本的规划 / 49

2.4 直播预告策划 / 56

  2.4.1 直播预告的重要性 / 56

  2.4.2 直播预告视频的发布规范 / 56

  2.4.3 直播平台首页的展示标准 / 57

  2.4.4 爆款标题和封面图的操作技巧 / 58

2.5 直播设备的配置与直播间的布置 / 60

  2.5.1 直播设备的配置 / 60

  2.5.2 直播间的布置 / 66

本章考核检测评价 / 74

第3章 直播电商的运营 / 75

3.1 直播间语言技巧的修炼 / 76

  3.1.1 直播间语言技巧的种类 / 76

  3.1.2 直播营销语言技巧的设计 / 78

  3.1.3 直播间语言技巧营销的步骤 / 80

  3.1.4 直播间不同品类商品的讲解要点 / 81

3.2 直播间商品的展示与呈现 / 88

  3.2.1 直播间商品的陈列方式 / 88

  3.2.2 直播间商品的呈现技巧 / 90

3.2.3 直播间商品的精细化配置与管理　　/ 90

3.3 直播间的互动技巧　　/ 93

3.3.1 语言有特色　　/ 93
3.3.2 有亲和力　　/ 95
3.3.3 多与粉丝互动　　/ 97

3.4 电商直播的引流策略　　/ 99

3.4.1 网购平台的个性化推荐算法　　/ 99
3.4.2 短视频引流　　/ 100
3.4.3 热门引流　　/ 109

本章考核检测评价　　/ 111

第 4 章　直播数据分析与复盘　　/ 112

4.1 直播间数据分析的基本思路与常用指标　　/ 113

4.4.1 直播间数据分析的基本思路　　/ 113
4.1.2 直播间数据分析的常用指标　　/ 115

4.2 直播数据分析工具的应用　　/ 119

4.2.1 直播平台提供的数据分析工具　　/ 119
4.2.2 第三方数据分析工具　　/ 123
4.2.3 直播数据复盘　　/ 125

本章考核检测评价　　/ 128

第 5 章　直播电商客户服务与物流　　/ 129

5.1 直播电商客户服务　　/ 130

5.1.1 直播电商客户服务的流程　　/ 130
5.1.2 商家客服销售语言技巧　　/ 132
5.1.3 商家客户服务策略　　/ 133
5.1.4 直播电商客户服务的方法与技巧　　/ 136

5.2 直播电商仓储与物流管理 / 141
  5.2.1 直播电商仓储管理 / 141
  5.2.2 直播电商物流管理 / 147

本章考核检测评价 / 150

第6章 抖音电商平台实战 / **151**

6.1 抖音平台认知 / 152
  6.1.1 抖音平台的特点 / 152
  6.1.2 抖音直播电商的生态特征 / 154

6.2 抖音直播实操 / 156
  6.2.1 开通抖音直播 / 156
  6.2.2 开通商品分享权限 / 157
  6.2.3 添加橱窗商品 / 158
  6.2.4 商品橱窗管理 / 159
  6.2.5 设置预告直播时间 / 160
  6.2.6 直播间购物车商品管理 / 160
  6.2.7 直播间互动方法 / 161
  6.2.8 直播间更多设置 / 163

6.3 抖音直播电商案例深度解析 / 165

本章考核检测评价 / 167

第7章 快手电商平台实战 / **168**

7.1 快手平台认知 / 169
  7.1.1 快手平台的特点 / 169
  7.1.2 快手直播电商的生态特征 / 170

7.2 快手直播实操 / 172
  7.2.1 开通快手直播 / 172

7.2.2 开通快手小店 / 173
7.2.3 绑定收款账户 / 173
7.2.4 添加快手小店商品 / 175
7.2.5 快手直播间设置 / 179
7.2.6 直播间售卖商品 / 181

本章考核检测评价 / 183

第8章 其他电商平台实战 / 184

8.1 淘宝电商平台 / 185

8.1.1 淘宝直播认知 / 185
8.1.2 淘宝直播运营实操 / 189

8.2 小红书电商平台 / 194

8.2.1 小红书直播认知 / 194
8.2.2 小红书创建直播实操 / 196

8.3 拼多多电商平台 / 198

8.3.1 拼多多直播认知 / 198
8.3.2 拼多多创建直播实操 / 200

8.4 唯品会电商平台 / 203

8.4.1 唯品会直播认知 / 204
8.4.2 唯品会创建直播实操 / 205

本章考核检测评价 / 207

参考文献 / 208

第1章
直播电商概述

 **本章目标**

- ☑ 了解直播电商的模式与流程。
- ☑ 了解直播电商的发展现状及趋势。
- ☑ 掌握直播电商相关的规定与监管规则。

 学习重点、难点

学习重点：
- ☑ 直播电商的相关理论。
- ☑ 直播电商活动的特点。

☑ 直播电商的发展现状及趋势。

学习难点：

☑ 直播电商的流程。

☑ 直播电商相关的规定与监管。

 本章引言

直播电商既能给消费者带来直观和生动的购物体验，又有营销效果好、转化率高的特点，现已成为电商行业的新增长动力。直播电商行业头部 KOL（key opinion leader，关键意见领袖）与 MCN（multi-channel network，多频道网络）优势稳固，具有不可复制性，产业链内强者恒强效应明显。随着 5G 技术的发展和直播渗透率的持续提升，直播品类与内容日趋丰富将成为大势所趋，"万物皆可播"时代即将来临。

1.1 直播电商的认知

1.1.1 直播电商的概念

直播电商是指通过互联网以直播的方式销售相关商品使受众了解商品的各项性能，从而购买商品的交易行为。这里的商品包括实体商品和虚拟商品。从本质上来讲，它是"直播"与"电商"的结合，消费者可以通过观看主播的推荐和展示以及直播间其他人的互动来决定是否购买商品。

1.1.2 直播电商的特点

直播电商的特点

直播电商因具有大众化、共时性与灵活性、真实性与丰富性、互动性与不确定性、平等性、社群化等特点，使用户对其异常喜爱。直播电商的特点如图 1-1 所示。

1. 大众化

随着智能手机的普及及无线通信技术的发展，网络直播内容生产和发布的门槛越来越低，甚至可以说，直播已经不仅仅是一种娱乐方式，更成为网络大众普遍使用的表达方式。网络直播摆脱了传统视频直播对场景的限制。同时，直播内容的碎片化，使用户可以打开直播平台随意选择喜欢的内容来观看。

图 1-1　直播电商的特点

另外，视频直播将"去中心化"落到了实处，任何人都能成为内容的生产者，都能在法律允许的范围内自由地表达自己，将自己的想法及观点传播给他人，实现了人与人之间的有效沟通，增强了交互的丰富性，提升了传播效率。

2. 共时性与灵活性

随着互联网及移动网络的发展，手机、笔记本电脑、平板电脑等通信设备逐渐普及，人们越来越倾向于通过以上设备来获取信息。如今，无线局域网（Wi-Fi）的覆盖范围逐步扩大，手机、平板电脑等对流媒体信息的接收能力显著提升。

众所周知，很多大事件的直播有时间限制，若不能在指定的时间内观看，只能等待重播。网络直播出现之前，人们若想观看体育赛事、重大事件的直播，身边没有电视机是不能实现的，这给观众带来极大的不便。网络直播的出现则给观众带来极大的便利。用户如果有观看直播的需求，可拿出随身携带的通信设备（如手机或平板电脑），连接 Wi-Fi，搜索直播链接，即可观看。也就是说，在网络直播模式中，视频采集、发布、收看可同时进行。

同时，伴随网络媒体的兴起，观众的选择自主性逐渐提升，这是因为视频经网络直播后便储存于该平台，观众即使错过直播，也可在任何时段登录网络平台进行点播。可见，网络直播具有很强的灵活性，可更好地满足用户的观看需求。

具体而言，网络直播的灵活性可以体现在以下 3 个方面。

（1）网络直播内容的采集非常灵活。用户需求的多样性决定网络直播内容的丰富性，吃饭、旅游、购物等各种不同的活动都可以成为直播的内容，而且内容采集一般仅需一部智能手机就可以操作，如图 1-2～图 1-4 所示。

（2）网络直播内容的发布非常灵活。无论是专门的直播平台，还是电商平台，只要申请入驻并通过审核，便可以轻松发布自己的直播内容，如图 1-5 和图 1-6 所示。

（3）网络直播内容的接收非常灵活。对用户而言，只要有计算机、智能手机等相关设备，就可以登录直播平台寻找自己感兴趣的内容。

图 1-2　旅游直播　　　　图 1-3　购物直播　　　　图 1-4　探店直播

图 1-5　快手直播　　　　图 1-6　京东直播

3. 真实性与丰富性

相较于经过层层包装的人与物来说，人们更希望看到真实的场景。直播将真实的生活场景展现在观众面前，满足了观众对真实性的需求。另外，直播可以与生活全面结合，"直播+旅游""直播+吃饭"等，使直播内容极为丰富，从而提升了直播的观赏性。

4. 互动性与不确定性

互动性是网络直播与传统直播的最大区别。传统媒体在直播事件时只能采用文字、图片、音频、视频等将现场事件的发展传递给观众,观众之间不能进行语言交流。而对于网络直播来说,能实时互动是其天然优势。网络直播不仅可以让用户及时掌握事件的动态信息,而且可以与观看同一直播的用户进行沟通,用户将自己的想法、观点、感受等发表在即时留言板、论坛、弹幕等上面,实现与其他用户的互动,有效增强了观众的参与感。直播平台也因实时互动的存在具备了社交属性,以视频为节点形成了社区。

直播过程中的互动将人与人之间的连接变得更加人性化。当然,视频直播除了具有强大的互动性之外,还有极大的不确定性。直播没有彩排,呈现出来的是主播及观众的真实反映,因此,在直播的过程中经常发生"意外",尤其是户外直播及生活直播。当然,很多直播也因这些"意外"的出现而备受欢迎,因此这种不确定性使用户的猎奇心理得以满足。

> **知识拓展** → **弹幕**

弹幕,中文流行词语,指的是在网络上观看视频时弹出的评论性字幕。

弹幕视频系统源自日本弹幕视频分享网站(niconico 动画),国内首先引进为 AcFun 以及后来的 bilibili,如图 1-7 所示。

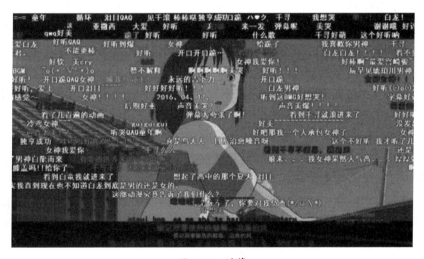

图 1-7 弹幕

5. 平等性

在以电视为主的传统媒体传播时代,信息的传播是单向的,即媒体制作后传输给观众收看。在这样的信息传播模式中,内容制作方与用户之间的地位是不平等的,内容制作方具有更大的主动权,处于较高的位置,而用户的地位则更为被动。

而在网络直播模式中,多元化的共享平台使直播内容的采集、发布、收看都是在平等的基础上进行的。一方面，直播内容的制作者之间、用户之间是彼此平等的，均具有同样的权利且必须遵循相关法律和平台规则；另一方面，内容的制作者与用户之间也是平等的，双方均拥有自主选择权，并可基于平台进行互动交流。

6. 社群化

一般来说，观看同一个直播的人大多有相同的兴趣爱好，这些有相同兴趣爱好的人极易集合成社群，而现实生活中将人集合起来的驱动因素非常多。例如，很多人喜爱观看体育赛事，由此形成了体育赛事直播；很多人喜爱打游戏，由此形成了游戏直播；等等。直播生成的社群互动塑造了一种新的社交方式，满足了众多用户的社交需求，使互动的趣味性得以有效提升。

1.1.3 直播电商的相关理论

1. STP 理论

市场细分（market segmentation）的概念是美国营销学家温德尔·史密斯（Wendell Smith）在 1956 年最早提出的，此后，美国营销学家菲利浦·科特勒进一步发展和完善了温德尔·史密斯的理论并最终形成了成熟的 STP 理论——市场细分（segmentation）、选择适当的市场目标（targeting）和定位（positioning）。它是战略营销的核心内容，指企业在一定的市场细分的基础上，确定自己的目标市场，最后把产品或服务定位在目标市场中的确定位置上。

（1）市场细分。市场细分是选择目标市场的基础工作，同时也是把某个市场的顾客划分成为多个小顾客群。比如服装市场，人人都需要买服装，可是卖服装的人可以有很多种细分，按顾客性别可以分为男装、女装，按顾客年龄可以分为童装、青年装、中年装、老年装，按顾客职业可以分成不同的工装等。这是根据很多企业的经营总结出来的理论。

（2）市场目标选择。在了解了市场细分的含义后，我们很容易发现顾客需求的差异性实在是太大了，任何企业、任何产品几乎都不可能满足所有顾客的所有需求，而对于一家企业来说，生产出来的产品不能切实满足顾客需求是一件很有风险的事情，为了规避风险、提高成功概率，就有必要深入地了解顾客的需求，对具有某些共同点的顾客群体进行分类，从而有针对性地解决他们的问题。STP 理论的根本目的就是选择确定目标客户。

（3）定位。随着人们的生活水平越来越高，需求的差异化也越来越大，人们极容易产生新的需求，有的需求是可以被满足的，而能不断地满足人的新需求，就是一种进步。而且人类具有很大的相似度，一般一个人产生了某种新需求，肯定就意味着有一小群人也会有该需求，独一无二的需求在商业世界是没有多大普遍性的。这些都是从目前人类社会的特点而总结出来的一些规律，即使不完全准确，但是作为方向上的指引却是非常靠谱有效的。市场是否存在、是否可以进入，这些都离不开人的需求分析，这里引申出一个市场可进入性的概念，而市场的可进入性主要是说企业可以通过自己的一些营销活动等动作进入这个市场，并且可以通过努力有优势占有这个市场。进入市场是为了能盈利，但是盈利的本质是以合理的成本满足一部分特定人群的需求，满足这个条件，这个市场就是一个可盈利的市场，能产生价值，才有可能一直延续下去。

可盈利、能产生价值，这只是一个目标、一个方向。可是具体如何选择市场来达成这个目标，还是需要有方法和策略的。不同的市场，针对不同的顾客群体，适合使用不同的策略。市场定位需要把握目标客户的心理，通过各种手段，根据企业自身的特点、产品和服务，对企业形象加以设计和强化，让企业在消费者心中与竞品公司区分开，从而占领市场的有利地位。这几种市场策略都是我们日常生活中常见也非常有效的策略，合理地运用好，还是能为企业带来非常不错的收益的。

2. 4P营销理论

著名的4P理论，其中的4个P分别是四个英文单词的首字母：任何营销的核心都离不开好的产品（product），质量好的产品是一切营销工作的前提；定价（price）是一件十分讲究的事情，有些生意之所以做不下去，很可能就是一开始的定价错得太离谱了。定价合理可以保持相对公平，让买卖双方都不吃亏，是生意的持久之道；有很多商品确实有人需要，但可能出现买家找不到卖家、卖家找不到买家的情况，这就需要提供渠道（place）供双方交易；促销（promotion）是一种让买卖双方交易更加和谐融洽的手段，好的促销活动就像一顿好的烛光晚餐，是一件让顾客非常赏心悦目的事情，同时，商家也能在促销活动中获得口碑与不错的利润。总之，以4P为核心去思考营销组合方法，是目前来说非常有价值的思考方向。

（1）产品。企业提供给客户有形或者无形的商品称为产品，产品可以是具体的实物，也可以是服务。企业应该对可控因素的控制调节，比如品种、规格、款式、质量、包装、商标、品牌、服务等来完成产品组合，牵引和满足客户需求。随着市场上同类产品的竞争越来越强烈，企业需要更加注重产品的开发，严格控制产品质量，具有独特卖点、差异性。

（2）价格。价格是指公司根据市场定价，调整价格，以达到营销目标价格。顾客选择一种商品，其价格是重要因素，一个商品的合适定价，需要跟商品的成本、盈利目标、目标消费人群的购买力、品牌形象等相关因素结合起来，同时将基本定价、折扣价格、补贴、商业信用及各种定价方法和定价技巧等可控要素的组合起来实现。

（3）渠道。通过将产品从生产者转移到消费者，消费者可以通过建立良好的渠道以各种方式接触产品。企业需要思考：如何挖掘渠道，同时还要维护现有渠道各方的关系。为促进渠道作为企业的配套和保障条件，帮助企业完成销售任务，对于目标客户，企业需要调动渠道资源，扩大企业影响力。

渠道策略包括渠道覆盖、货物分配、中间商、网点、配送相关仓储、运输和其他可控因素的组合与控制。企业需要从各种渠道策略选项中选择最佳选择，从渠道总数、每个渠道的中介数量和类型来制定及调整营销目标，确定渠道应完成的功能。企业需要从多种渠道策略选项中选择最佳选项，从渠道的总数量、每个渠道中介机构的数量和类型等方面来制定及调整营销目标，确定渠道应该完成的功能。

（4）促销。促销一般是指利用各种信息传播手段，激发目标客户购买的欲望，向目标客户传达心理线索，帮助客户尽快做出决策，促进产品销售增长的短期行为。一些促销手段也可以在一定程度上加深消费者对品牌的印象，如促销相关广告、员工推销、营业推广、宣传、公共关系等多种方式的结合和运用。一些促销手段也可以在一定程度上加深消费者对品牌的印象，如促销相关广告、员工营销、商业推广、宣传、公关等多种方式的结合和使用。此外，促销也可以成为市场竞争的有效手段。国外研究结果表明，低质量品牌推广对优质品牌销售的影响远远小于优质品牌推广对低质量品牌销售、优质品牌推广即高品质的影响。品牌在促进品牌转换方面吸引低品质品牌人数远远高于低品质品牌市场中优质品牌所吸引的客户数量。

3. 新零售中人、货、场的新关系

直播电商是新零售的具体的表现形式，直播电商重新定义了人、货、场的关系。"当我们谈消费品、谈零售时，最终还是回到三个字：人、货、场，互联网带来了很多变化，但是人、货、场没有改变，商业最终用互联网的技术和思想去重新构架人、货、场的关系，重新在其中寻找新的机会和产生新的效率。新零售重要的标志是，它成功与否的核心在于围绕人、货、场商业元素的重构能不能有效、能不能真正提高效率。"阿里巴巴集团CEO张勇在"2016新网商峰会"上如此解读新零售所提出的新观点。

以阿里巴巴为例，以人、货、场为基础的综合新型营销模式更多的是要发挥大数据的力量，集合前台的栏目和后台的算法技术，通过运营方式来进行三位一体的营销。在天猫图书商业模式中，人是消费者，货是书，场是场景或者营造的氛围，最后成为消费者的习惯。人、货、场在营销中的关系如下，如图1-8所示。

图1-8　人、货、场的关系

（1）核心是人。在这个营销概念中，人是最核心的内容。通过还原消费者在购买中的表现，基于商业思维对它进行深刻剖析，从而提炼出一个人或一类人群的兴趣点、购买偏好及其他消费特征。基于大数据的支持，对消费者以前的购买表现进行分析，从而对消费者进行画像，分析出该用户对图书的需求。通过画像，可将同等类型的消费者进行标签化定义，如身份类人群、兴趣类人群、营销类人群、风格类人群及功能类人群等，在不同消费场景进行运营，为不同类型消费者提供便利。

对"人"这一维度的分析是要解决三个问题：第一，目标是什么样的人群，也就是为书找到喜欢或是有阅读需求的读者；第二，这一人群有什么样的消费能力，通过这样的定位，可以看出读者在下单或是在选择商品时会有哪些偏好；第三，这个人群有什么样的消费特征，通过消费特征分析决定营销产品及方式推荐。

（2）基础是场。以淘宝手机客户端为例，打开页面，就能够看到丰富的入口，这些入口就是不同的场景。例如，首页出现的"有好货""必买清单""淘宝头条""淘宝直播""家有萌娃"等。每个人看到的内容都不同，这是根据人群分析后进行的个性化推荐，实现千人千面、偏好消费。对于已经在天猫开有店铺的卖家来说，每个店铺的微淘、消息及个人主页，经营者都可根据不同人群进行场景设置。

在场的维度要解决两个核心问题：第一，这个场要圈定哪类人群，所提供的该场景会吸引哪些人的单击和关注；第二，目标人群在该场景中要找到什么样的货品，货品是否符合消费者的需求。

（3）重心是货。在图书行业，货即图书及其衍生品。在货的维度，要关注书的类目、定价及面向人群等。店家要明确把书投递到对应的场景中，找到目标消费群，同时也需要考量折扣力度及利益点。如何搭配产品更能吸引消费者，也是货品维度需要解决的问题。

> 课堂活动

活动题目	收集并分析直播电商的特点
活动步骤	对学生进行教学分组，每3~5人为一个小组，以小组为单位进行讨论
	讨论并收集直播电商的特点，并将结果填入表1-1中
	每个小组将讨论结果形成PPT，派出一名代表进行演示
	教师给予评价

表1-1 收集结果

序号	直播电商的特点
1	
2	
3	

1.2 直播电商模式与流程

1.2.1 直播电商的三种模式

1. 电商直播模式

电商直播模式主要是利用电商平台中直接镶嵌直播功能的模式。电商平台镶嵌直播功能其实已经被许多电商企业应用。例如，我们常见的淘宝和京东直播等。这种模式的特点主要是，利用电商平台的流量带动直播流量，等直播平台拥有充足的固定流量之后，再利用直播流量反哺电商。采用这种模式的电商，多数偏向于利用网络达人等推广一些性价比高、价格能够被大多数消费者接受的"大众消费品"，在短时间内达到促销的目的。如果直播营销的效果足够好，甚至可以让一些"平价"商品脱销。这种会在短时间达到促销效果的模式，可以被大多数喜欢网购的年轻人所接受，并且能让这些年轻人在观看直播的时候潜意识地接受商品，并产生购买的想法。所以，电商直播模式是目前大多数电商平台最喜欢用的模式。

2. 短视频直播模式

短视频直播模式主要是在短视频平台中出现，借助商品的链接与电商平台建立联系的模式。例如，我们常见的抖音直播、快手直播，大都是通过其短视频的平台去做直播的孵化，用户观看短视频的时候可以直接观看直播，单击视频中展示的商品进行购买。这种模式的特点也很明显，大部分专业直播平台的利益来源还是以吸引粉丝为主播打赏为主。

3. 直播电商平台模式

直播电商平台模式就是直接利用以直播为主打的内容电商平台的模式。目前直播电商中应用得比较多的，主要是在美妆行业和跨境行业上，通过直播的方式现场展示商品，解决用户的疑问，直接促成交易。这种方式使流量的变现渠道变得更加广泛，强化了直播营销可执行的内容。

1.2.2 直播电商活动的流程

直播电商活动的流程如图1-9所示。

1. 分析活动要点

分析活动要点是策划直播电商活动的第一步，首先最重要的就是分析活动的目的，是销售产品、推广品牌还是其他的，确定好活动目的，后面的工作均围绕活动目的展开。比如，活动的形式是怎样的，是抽奖还是红包，不一样的形式有不一样的方案；活动的宣传方式是怎样的，海报还是H5；是否需要网红、哪些渠道推广等一系列的问题。

图1-9 直播电商活动的流程

2. 策划和准备直播活动

（1）主播筛选。要开展直播电商首要的就是要有主播，好的主播能很好地控制局面，与粉丝之间互动活跃，并影响粉丝后期对产品的态度。

（2）活动预热。活动开始前必须要有预热推广，不断地预热能增强用户的记忆，可以让用户通过预热活动入口直接预约活动，活动开始后能提醒粉丝前来观看。预热渠道最好是全网覆盖，形式可以多样，如商家针对活动预热的推广素材重点突出活动福利，包括高价值礼品、秒杀资格、超低价产品等。

（3）直播平台账号的选择。直播最好使用自家商店账号，这样用户关注的就是自己的商店，流量全在自己的手中。

（4）直播准备。直播前的准备工作是指要有良好的时间控制，哪个时间段做什么事情一定要清晰，一旦时间没控制好，后面的流程都会打乱，所以主播事先要熟悉当天的直播内容和产品。还有一些直播设备如打光灯、三脚架等都要考虑，直播现场也不能只有主播一人，还有要场控等幕后人员的支持。

3. 实时跟进直播过程

做好直播前的一系列筹备工作后，接下来就是正式执行直播活动。直播活动的执行可以进一步拆解为直播开场、过程和收尾3个环节。直播开始后，要迅速将直播链接分发给各个渠道，让粉丝能快速进来，并且每个渠道的链接一定要能正常进入直播间。

直播过程中有时会出现许多的问题，所以要实时跟进直播间的状况，做好直播间的维护工作，带动粉丝活跃气氛，一旦直播的节奏不对，要马上协助主播或者粉丝解决问题，提升直播体验。

直播活动结束后，要及时跟进中奖者，确保用户的消费感受。

4. 复盘整个直播活动

整个直播活动结束后，要对直播活动进行复盘，主要包括数据分析和直播经验总结两个部分。其中，数据分析主要利用直播中形成的客观数据对直播进行复盘，体现的是直播的客观效果，直播经验总结主要从主观层面对直播过程进行分析和总结。同时直播复盘梳理直播的整个流程，明确是否达到了预期的效果、出现过什么问题、哪些不应该出现、哪些是突发性的，仔细了解每一个人员的反馈，为下次的活动提供经验。此外，还要撰写活动总结报告，记录整个活动，优化直播活动过程。

知识拓展 ➡ **直播复盘步骤**

直播复盘分为以下四个步骤。

（1）回顾目标：我们直播的初衷是什么？一开始在搭建账号的同时是否要直播带货？还是短视频变现？或者是品牌宣传？还是视频剪辑？等等。围绕自己的目标回顾分析总结结果。

（2）原因分析：制订的直播计划有没有达到预期的效果？从中分析达到的效果和没有达到效果的原因，总结学习需要在哪些方面做功课。

这里主要有以下几点：①做视频剪辑没人看；②直播带货不知道讲什么；③发布视频没有点击率、完播率、转载率、点赞率；④没有好的文案，不知道怎么发布、发布什么作品。

（3）结果评估：反复问自己为什么会达不到预期目标？当时给自己定的目标现在完成到哪一步？从中我又学习到哪些东西？是否跟自己想要的结果还相差甚远？

（4）总结规律：从原有分析中总结出经验，把好的文案变成自己的风格，吸取成功经验，了解成败中的关键原因。

> 课堂活动

活动题目	收集直播电商活动的流程
活动步骤	对学生进行教学分组,每3~5人为一个小组,以小组为单位进行讨论
	讨论并收集直播电商的活动流程,并将结果填入表1-2中
	讨论直播电商各个流程的要点,并将结果填入表1-2中
	每个小组将讨论结果形成PPT,派出一名代表进行演示
	教师给予评价

表1-2 收集结果

序号	直播电商活动的流程	直播电商各个流程的要点
1		
2		
3		

1.3 直播电商的发展现状及趋势

1.3.1 直播电商的发展现状

1. 我国直播电商的发展历程

我国的直播电商起源于传统电商发展新的业务模式的探索,随后内容平台开始关注并跟进。从2019年开始,直播电商市场实现爆发性增长,进入快速发展时期。我国直播电商的发展历程如图1-10所示。

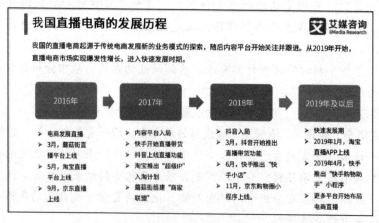

图1-10 我国直播电商的发展历程
资料来源:艾媒咨询。

2. 我国直播电商的发展环境

（1）我国直播电商发展的政策环境。政府对直播电商的政策分为两类：一类是起直接推动作用的；另一类是起规范作用的。特别是近期中国商业联合会发布的《视频直播购物经营管理和服务规范（征求意见稿）》和中国广告协会发布的《网络直播营销行为规范》，都是与直播电商直接相关的重要规范性文件，具体如图1-11所示。

- 2020年3月，《广州市直播电商发展行动方案（2020—2022年）》。
- 2020年4月，国务院召开金融稳定发展委员会发布了"稳预期、扩总量、分类抓、重展期、创工具"的15字工作方针。
- 2020年5月，《重庆市加快发展直播带货行动计划》。
- 2020年7月，《关于支持新业态新模式健康发展激活消费市场带动扩大就业的意见》。

- 2020年6月，中国商业联合会发布《视频直播购物经营管理和服务规范（征求意见稿）》。
- 2020年7月，中国广告协会发布《网络直播营销行为规范》。同月，人社部正式发布新职业公式公告，增加互联网营销师，下设"直播销售员"工种。

图1-11　与我国直播电商发展有关的文件

资料来源：艾媒咨询。

（2）我国直播电商发展的经济环境。直播电商的上游是制造业。2019年年底，由于疫情影响，我国的工业增加值增速开始下滑。不过截至2020年7月，我国的工业增加值同比增速恢复到正常区间。制造业的恢复说明直播电商的上游客户的需求开始恢复，也为直播电商提供了充足的货源。中国规模以上工业增加值当月同比如图1-12所示。

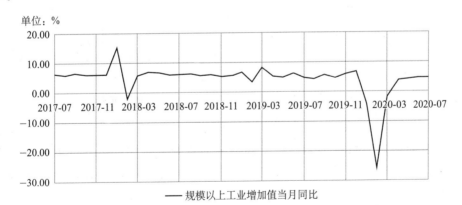

图1-12　我国规模以上工业增加值当月同比

数据来源：艾媒咨询。

直播电商的下游是各类消费者。受新冠肺炎疫情影响，我国的社会消费品零售总额于2020年第一季度显著下滑。不过，截至2020年8月，社会消费品零售总额开始恢复到2019年同期水平。这说明直播电商的下游消费能力也在提升，为直播电商的持续发展提供了良好的基础。我国社会消费品零售总额当月同比如图1-13所示。

图 1-13 我国社会消费品零售总额当月同比

数据来源：艾媒咨询。

（3）我国直播电商发展的社会环境。三线城市及以下的用户成为电商新的用户增量，消费下沉成为行业内公认的趋势。下沉市场的个体单次消费能力可能比不上一线城市、二线城市用户，但是他们的基数大，所以有较大的增长潜力。数据显示，2019 年"双十一"各平台新增用户中，有相当大的比例来源于低线城市，如图 1-14 所示。

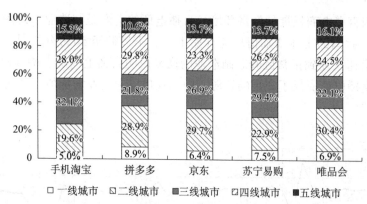

图 1-14 2019 年我国主流电商"双十一"新增用户城市类型分布

数据来源：艾媒咨询。

艾媒咨询的调研数据显示，线上购物的消费者人群中，30 岁以下的年轻人占 64.4%，如图 1-15 所示。而年轻人更容易接受新鲜事物，直播电商的互动性和趣味性可以满足他们不同的消费需求。

（4）我国直播电商发展的技术环境。直播电商的发展离不开直播支撑技术的进步，这些支撑技术可以分为硬件、算法、宽带技术和芯片四类。硬件质量的升级、算法的升级、宽带技术的提升和芯片处理能力的提升为直播电商提供了良好的技术环境。未来，5G 商用化的提速有望提升直播电商用户的体验，促进直播电商渗透率的上升。2020 年，我国直播电商发展的技术环境如图 1-16 所示。

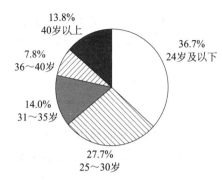

图 1-15　2019 年我国线上渠道购物消费者年龄分布

数据来源：艾媒咨询。

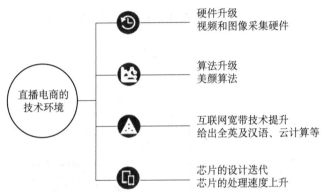

图 1-16　2020 年中国直播电商发展的技术环境

资料来源：艾媒咨询。

3. 我国直播电商存在的问题

由于处于发展早期，直播电商存在诸多问题，大致可分为三类：消费者面临的问题、主播面临的问题和行业面临的问题。

（1）消费者面临的问题：质量可能无法保证。由于信息不对称的存在，消费者可能通过直播电商购买到质量与宣传不符的产品。数据显示，2020 年 6 月 1—20 日，直播带货方面消费者的维权信息日均达到 112384 条，主要集中在直播带货商家未能充分履行证照信息公示义务、部分主播使用极限词等违规宣传、产品质量货不对板等方面。主播违规案例如图 1-17 所示。

产品质量问题	某平台上的网红产品 400 元一斤的"烤虾大妈"有消费者购买后发现是三无产品			某达人主播在一场近 400 万人观看的卖阳澄湖大闸蟹的直播中，被爆出产品并非来自阳澄湖，遭到网友投诉
	人民日报曾报道，某款"溜娃神器"的儿童轻便童车，抽样结果 100% 存在安全风险，且商家无法提供质量检测证明			爆款发光冰块不过是内置了 LED 小灯泡，有误食便危害身体健康的风险

图 1-17　主播违规案例

数据来源：艾媒咨询。

（2）主播面临的问题：同质化和刷单。一方面，由于主播入行门槛低、人数众多，容易导致同质化，因而引起审美疲劳。对同一个主播而言，随着直播场次的增加，人们的新鲜感可能也会降低。

> **小贴士**
>
> **什么是同质化**
>
> 同质化是指同一大类中不同品牌的商品在性能、外观甚至营销手段中相互模仿，以致逐渐趋同的现象。

另一方面，行业也存在刷单现象。艾媒咨询分析师认为，商家一般通过粉丝量、观看量等外显数据选择带货主播，刷单成本低，使行业内有刷单现象。刷单类型如图1-18所示。

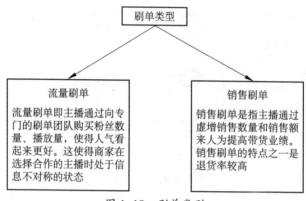

图1-18　刷单类型

数据来源：艾媒咨询。

（3）行业面临的问题：匹配困难。直播电商行业存在MCN（multi-channel network）机构与主播的匹配困难的问题。一方面，头部主播个人能力强，与之签约也面临着激烈的竞争，报价比较高，有时候头部主播还会选择"出走"；另一方面，中部主播的带货能力不强。另外，行业存在信息不对称，MCN机构有时候也很难依靠各种榜单和流量来判断主播究竟有没有合作的价值。

> **小贴士**
>
> **关于MCN的解读**
>
> MCN是一种多频道网络的产品形态，是一种新的网红经济运作模式。这种模式将不同类型和内容PGC（专业生产内容）联合起来，在资本的有利支持下，保障内容的持续输出，从而最终实现商业的稳定变现。

1.3.2 直播电商的发展趋势

1. 高性价比的商品得到展示机会

由于直播电商用户非常看重商品的性价比，这让一些性价比高的白牌商品有了展示的机会，主播的流量集聚效应有助于这些商品打开市场，甚至形成品牌。而这在传统电商行业是比较难实现的。传统电商的公域流量是按消费者的购买数据（销量为核心）和付费流量来分配的，白牌产品如果付费购买流量，性价比可能会降低。而大品牌的流量多，具有先发优势，如图1-19所示。

主播端：高性价比商品受到消费者欢迎

消费者看重商品的性价比，一些性价比高的白牌商品可能被一些主播发现并推介，从而打开市场

用户端：用户购买时不是特别看重品牌

iiMedia Research（艾媒咨询）数据（2020年）显示，直播电商用户购买时，主要还是看商品的优惠、性价比和是否满足自己所需，而对品牌相对挑剔的用户（购买品牌商品比例大于50%）仅占16.7%。这为白牌商品的销售提供了基础

高性价比白牌商品：受益于直播电商的发展

直播电商主播集聚的流量使性价比高的商品被更多的用户知晓，以价换量的同时，也附带有较好的宣传效果

图1-19 高性价比的商品得到展示机会

数据来源：艾媒咨询。

2. C2M模式兴起

直播电商行业目前还欠缺规范，一些主播由于没有稳定合作的工厂，推荐的商品价格低廉但是质量堪忧。而拥有供应链管理能力的头部的MCN机构可以通过KOL直接了解客户的需求，从而反馈给品牌代工厂，工厂根据客户的实际需要来生产。这种C2M的生产方式确保了商品的质量，也使商品更贴近消费者需求。例如，辛选的高用户黏性与互动让辛选供应链实现以用户需求为导向的反向供应链定制能力，短平快连接用户与产品，供应链建设更符合用户需求，也确保了商品的质量。

> **小贴士**
>
> **关于C2M的解读**
>
> C2M（customer-to-manufacturer）是一种新型互联网商业模式，又称为"短路经济"。在该模式下，使消费者直接对接制造商，直接省略了库存物流、分销总销等中间环节，实现中间成本的节省，让消费者以超低价格获得高品质的产品。
>
> **KOL**
>
> KOL的通常定义：拥有更多、更准确的产品信息，且为机关群体所接受或信任，并对该群体的购买行为有较大影响的人。

> **辛 选**
>
> 辛选集团是一家直播电商行业的龙头企业,目前已经发展成为一家集供应链管理、红人孵化、数字电商、教育培训于一体的综合性数字新零售企业。

C2M模式也会推动更多品牌商进入直播电商行业,以定制产品等方式与主播进行合作,提升产品性价比。C2M模式流程如图1-20所示。

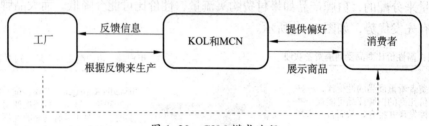

图1-20　C2M模式流程

数据来源:艾媒咨询。

3. 直播行业日趋规范化

随着直播电商主播被纳入"直播销售员"工种和主播持证上岗在多个城市的推进,直播行业将日趋规范化。艾媒分析师认为,作为新兴的行业,直播电商目前没有受到很多约束,但是随着行业的发展,主播持证上岗有望成为趋势,这会促进行业的规范化运行。

4. 消费者购物习惯改变

随着直播电商的发展,用户的沉淀会引起消费习惯的改变。很多用户开始使用直播电商时,都是购买非必需品,但是随着使用次数的增多,用户也可能会把直播电商作为购买生活必需品的重要方式,这样用户的黏性和客单价都可能上升。消费者购物习惯的变迁如图1-21所示。

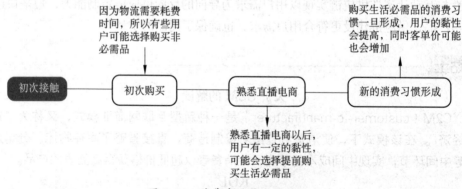

图1-21　消费者购物习惯的变迁

数据来源:艾媒咨询。

课堂活动

活动题目	收集并整理直播电商的发展环境及发展趋势
活动步骤	对学生进行教学分组，每3~5人为一个小组，以小组为单位进行讨论
	讨论并收集直播电商的发展环境，并将结果填入表1-3中
	讨论并收集直播电商的发展趋势，并将结果填入表1-4中
	每个小组将讨论结果形成PPT，派出一名代表进行演示
	教师给予评价

表1-3 收集结果（一）

序号	直播电商的发展环境分析

表1-4 收集结果（二）

序号	直播电商的发展趋势分析

1.4 直播电商相关规定与监管

1.4.1 网络直播基础层面的相关规定

由于"网络直播"作为一种新型传播形式迅猛发展，对于如何规范和引导直播行业的良性健康发展，已成为政府相关职能部门重点关注的问题。"网络直播"涉及《中华人民共和国电子商务法》《中华人民共和国网络安全法》《互联网信息服务管理办法（修订草案征求意见稿）》等基础层面的相关规定。

1. 《中华人民共和国电子商务法》

《中华人民共和国电子商务法》是调整平等主体之间通过电子行为设立、变更和消灭财产关系和人身关系的法律规范的总称；是调整政府、企业和个人以数据电文为交易手段，通过信息网络所产生的，因交易形式所引起的各种商事交易关系，以及与这种商事交易关系密切相关的社会关系、政府管理关系的法律规范的总称。

2013年12月27日，全国人民代表大会常务委员会正式启动了《中华人民共和国电子商务法》的立法进程。2018年8月31日，第十三届全国人民代表大会常务委员会第五次会议表决通过《中华人民共和国电子商务法》，自2019年1月1日起施行。

2. 《中华人民共和国网络安全法》

《中华人民共和国网络安全法》是为保障网络安全，维护网络空间主权和国家安全、社会公共利益，保护公民、法人和其他组织的合法权益，促进经济社会信息化健康发展而制定的法律。

《中华人民共和国网络安全法》由第十二届全国人民代表大会常务委员会第二十四次会议于2016年11月7日通过，自2017年6月1日起施行。

《中华人民共和国网络安全法》一共有七章内容，包括总则、网络安全支持与促进、网络运行安全、网络信息安全、监测预警与应急处置、法律责任、附则。

3. 《互联网信息服务管理办法（修订草案征求意见稿）》

《互联网信息服务管理办法（修订草案征求意见稿）》是为了规范互联网信息服务活动、促进互联网信息服务健康有序发展制定的办法。

2000年9月20日，中华人民共和国国务院第三十一次常务会议通过《互联网信息服务管理办法（修订草案征求意见稿）》，2000年9月25日公布施行。

根据2011年1月8日《国务院关于废止和修改部分行政法规的决定》修订，2021年1月8日，国家互联网信息办公室就《互联网信息服务管理办法（修订草案征求意见稿）》公开征求意见。《互联网信息服务管理办法（修订草案征求意见稿）》一共有六章，包括总则、设立、运行、监督检查、法律责任、附则。

1.4.2　网络直播平台准入许可涉及的规定

1. 网络直播平台准入基础资质

（1）《增值电信业务经营许可证》（即"ICP许可证"）。《互联网信息服务管理办法（修订草案征求意见稿）》第三条规定，经营性互联网信息服务，是指通过互联网向上网用户有偿提供信息或者网页制作等服务活动。第七条规定，从事经营性互联网信息服务，应当向省、自治区、直辖市电信管理机构或者国务院信息产业主管部门申请办理互联网信息服务增值电信业务经营许可证。根据《电信业务分类目录（2015年版）》中的相关规定，网络直播平台服务应该归属于"B25信息服务业务"中的"信息发布平台和递送服务"。

网络直播平台的经营性互联网信息服务属性主要体现为收取会员费、虚拟货币或其他物品等费用，因此，在开展网络直播平台前需要办理ICP许可证。

（2）《网络文化经营许可证》（即"网络文化许可证"）。根据《互联网文化管理暂行规定》的相关规定，互联网文化产品是指通过互联网生产、传播和流通的文化产品，包括专门为互联网而生产的网络音乐娱乐、网络游戏、网络演出剧（节）目、网络表演、网络艺术品、网络动漫等互联网文化产品；将音乐娱乐、游戏、演出剧（节）目、表演、艺术品、动漫等文化产品以一定的技术手段制作、复制到互联网上传播的互联网文化产品。互联网文化活动是指提供互联网文化产品及其服务的活动。如果从事经营性互联网文化活动，则应申请取得网络文化许可证。

此外，根据《关于加强网络直播服务管理工作的通知》的规定，涉及网络表演业务的网络直播服务提供者应当取得网络文化许可证。因此，网络直播平台提供的服务涉及以上互联网文化产品及服务的，应当申请网络文化许可证。

2. 网络直播平台准入行业细分资质

（1）涉及广播电视节目——《广播电视节目制作经营许可证》。根据《广播电视节目制作经营管理规定》的规定，设立广播电视节目制作经营机构或从事专题、专栏、综艺、动画片、广播剧、电视剧等广播电视节目的制作和节目版权的交易、代理交易等活动的行为，应当先取得《广播电视节目制作经营许可证》。申请《广播电视节目制作经营许可证》应当符合国家有关广播电视节目制作产业发展规划、布局和结构，并具备下列条件：①具有独立法人资格，有符合国家法律、法规规定的机构名称、组织机构和章程；②有适应业务范围需要的广播电视及相关专业人员、资金和工作场所，其中企业注册资金不少于300万元人民币；③在申请之日前三年，其法定代表人无违法违规记录或机构无被吊销过《广播电视节目制作经营许可证》的记录；④法律、行政法规规定的其他条件。

网络直播平台若存在对视频节目的制作和在线播出网络视听节目等，应当取得《广播电视节目制作经营许可证》。根据上述规则及实操经验，《广播电视节目制作经营许可证》的申请难度相对较小。虎牙直播、斗鱼直播等主流平台均已取得《广播电视节目制作经营许可证》。

（2）涉及营业性演出——《营业性演出许可证》。根据《营业性演出管理条例》的规定，营业性演出是指以营利为目的为公众举办的现场文艺表演活动。组织从事营业性演出经营活动的演出经纪机构需取得《营业性演出许可证》。演出经纪机构申请从事营业性演出经营活动，应当有3名以上专职演出经纪人员和与其业务相适应的资金，并向省、自治区、直辖市人民政府文化主管部门提出申请。文化主管部门应当自受理申请之日起20日内做出决定。批准的，颁发《营业性演出许可证》。

网络直播平台需要主播进行直播，直播业务是由主播所从事的营业性演出经营活动，网络直播平台即为演出经纪机构，因此网络直播平台必须先具备《营业性演出许可证》才能与直播艺人签约。根据上述规定及实操经验，《营业性演出许可证》的申请难度不大，虎牙直播、斗鱼直播等涉及直播业务的平台均已取得《营业性演出许可证》。

（3）涉及互联网视听节目——《信息网络传播视听节目许可证》。根据《互联网视听节目服务管理规定》的规定，互联网视听节目服务是指制作、编辑、集成，并通过互联网向公众提供视音频节目，以及为他人提供上载传播视听节目服务的活动。从事互联网视听节目服务，应当依照该规定取得广播电影电视主管部门颁发的《信息网络传播视听节目许可证》或履行备案手续。同时，第八条规定，申请从事互联网视听节目服务的，应当同时具备以下条件：①具备法人资格，为国有独资或国有控股单位，且在申请之日前三年内无违法违规记录；②有健全的节目安全传播管理制度和安全保护技术措施；③有与其业务相适应并符合国家规定的视听节目资源；④有与其业务相适应的技术能力、网络资源和资金，且资金来源合法；⑤有与其业务相适应的专业人员，且主要出资者和经营者在申请之日前三年内无违法违规记录；⑥技术方案符合国家标准、行业标准和技术规范；⑦符合国务院广播电影电视主管部门确定的互联网视听节目服务总体规划、布局和业务指导目录；⑧符合法律、行政法规和国家有关规定的条件。

同时，《国家新闻出版广电总局关于加强网络视听节目直播服务管理有关问题的通知》明确规定，持有新闻出版广电行政部门颁发的《信息网络传播视听节目许可证》，且许可项目为第一类互联网视听节目服务第七项的互联网视听节目服务机构，方可通过互联网对一般社会团体文化活动、体育赛事等组织活动的实况进行视音频直播，不符合上述条件的机构及个人，包括开设互联网直播间以个人网络演艺形式开展直播业务但不持有《信息网络传播视听节目许可证》的机构，均不得通过互联网开展上述所列活动的视音频直播服务。此外，根据《关于加强网络直播服务管理工作的通知》，涉及网络视听节目直播等业务的网络直播服务提供者应当取得《信息网络传播视听节目许可证》。

互联网视听节目服务在直播平台中的主要业态体现为短视频的发布与直播，因此，《信息网络传播视听节目许可证》应为带有短视频发布或直播功能的直播平台从事业务必不可少的资质，但根据上述《互联网视听节目服务管理规定》的要求，只有国有独资或国有控股单位才有资格申请《信息网络传播视听节目许可证》，因该规定于2008年1月31日生效，在此之前只要不是外资入股的企业都有申请资格；该规定生效后，对于大部分直播平台来说，申请《信息网络传播视听节目许可证》的难度大大增加。

目前，针对上述难以取得《信息网络传播视听节目许可证》的问题，主流的处理方法有三种：第一种是收购已经取得《信息网络传播视听节目许可证》的公司；第二种是挂靠在国有控股的音视频类公司名下，这种做法存在一定的风险；第三种是和相关主管部门沟通"节目"的概念和外延的确定，直播或者短视频的内容如何不界定为"节目"，可一定程度上通过设定业务模式并和具体监管部门的沟通，避免部分直播业务被认定为"节目"，进而无须取得《信息网络传播视听节目许可证》。

1.4.3　网络直播平台面临的主要监管规则

除了基础层面的相关规定外，国家互联网信息办公室、国家广播电视总局、工业和信息化部等不同主管部门还陆续出台了《关于加强网络表演管理工作的通知》《关于加强网络视听节目直播服务管理有关问题的通知》《互联网直播服务管理规定》《关于加强网络直播服务管理工作的通知》等一系列更有针对性的规定，对网络直播平台的行为规范和责任都进行了明确，具体梳理如下。

1.《关于加强网络表演管理工作的通知》

2016年7月1日，文化部（现为文化和旅游部）出台《关于加强网络表演管理工作的通知》，部分内容如下。

（1）督促网络表演经营单位和表演者落实责任。网络表演经营单位要对本单位提供的网络表演承担主体责任，对所提供的产品、服务和经营行为负责，确保内容合法、经营有序、来源可查、责任可究。网络表演经营单位要健全内容管理制度，配足内容审核人员，严格监督表演者的表演行为，加强对用户互动环节的管理。要严密技术监控措施，畅通投诉举报渠道，完善突发事件应急处置机制，确保能够第一时间发现并处置违法违规内容。一经发现含有违法违规内容的网络表演，要及时关闭表演频道，停止网络传播，保存有关记录，并立即向所在地省级文化行政部门或文化市场综合执法机构报告。

表演者对其开展的网络表演承担直接责任。表演者应当依法依规从事网络表演活动，不得开展含有低俗、色情、暴力等国家法律法规禁止内容的网络表演。表演者应当自觉提高职业素养，加强道德自律，自觉开展内容健康向上的网络表演。

各级文化行政部门和文化市场综合执法机构要加强对辖区内网络表演经营单位的管理与培训，依法强化网络表演经营单位直接发现、第一时间处置违法违规内容等主体责任，对逾期不予处理或处理不到位的，要严肃追责，依法查处。

（2）加强内容管理，依法查处违法违规网络表演活动。内容管理是网络表演管理工作的重点。各级文化行政部门和文化市场综合执法机构要加强对辖区内网络表演经营单位的日常监管，重点查处提供禁止内容等违法违规网络表演活动，包括提供含有《互联网文化管理暂行规定》第十六条规定的禁止内容，或利用人体缺陷或者以展示人体变异等方式招徕用户，或以恐怖、残忍、摧残表演者身心健康等方式以及以虐待动物等方式进行的网络表演活动；使用违法违规文化产品开展的网络表演活动；对网络表演活动进行格调低俗的广告宣传和市场推广行为等。

对提供上述违法违规网络表演的网络表演经营单位，文化行政部门和文化市场综合执法机构要依据《互联网文化管理暂行规定》坚决予以查处，没收违法所得，并处罚款；情节严重的，责令停业整顿直至吊销《网络文化经营许可证》；构成犯罪的，依法追究刑事责任。地方文化行政部门和文化市场综合执法机构要按照"谁处罚，谁列入"的原则，根据情形，将违法违规网络表演经营单位列入黑名单或警示名单。

对提供违法违规网络表演的表演者，地方文化行政部门和文化市场综合执法机构要责令所在网络表演经营单位关停表演者频道，并及时将违法违规表演者的信息和证据材料报送文化部。文化部根据情形，将违法违规表演者列入黑名单或警示名单。列入黑名单的表演者，禁止其在全国范围内从事网络表演及其他营业性演出活动，具体时限视违法违规情节轻重确定。

文化行政部门负责将黑名单通报同级有关部门，并建议实施联合惩戒，强化对违法违规网络表演经营单位和表演者"一处违法，处处受限"的信用监管。各级行业协会要在本行业协会范围内，对列入黑名单的网络表演经营单位和表演者予以通报并抵制。

（3）对网络表演市场全面实施"双随机—公开"。各地文化行政部门和文化市场综合执法机构要立即对本行政区域内的网络表演经营单位开展一次调查摸底，全面掌握网络表演经营单位的情况。在此基础上，充分利用网络文化市场执法协作机制，对网络表演市场全面实施"双随机—公开"，定期开展随机抽查，及时向社会公开查处结果，公开网络表演市场黑名单和警示名单。

各地文化行政部门和文化市场综合执法机构要抓紧制定网络表演随机抽查工作实施方案与随机抽查事项清单，以现场检查、网络巡查为主要抽查方式，以网络表演内容为抽查重点；对投诉举报较多的网络表演经营单位，要加大随机抽查频次，重点监管；要利用全国文化市场技术监管与服务平台，记录随机抽取的检查对象、执法检查人员、检查事项、检查结果等，做到全程留痕，实现过程可溯源、责任可追溯。

本通知所称的网络表演是指将现场进行的文艺表演、网络游戏等文化产品技法展示或解说等，通过信息网络实时传播或者以音视频形式上载传播，供用户在线浏览、观看、使用或者下载的产品和服务。

2.《关于加强网络视听节目直播服务管理有关问题的通知》

2016年9月2日，国家新闻出版广电总局（国家版权局）下发《关于加强网络视听节目直播服务管理有关问题的通知》，重申互联网视听节目服务机构开展直播服务必须符合《互联网视听节目服务管理规定》和《互联网视听节目服务业务分类目录》的有关规定；指出开展网络视听节目直播服务应具有相应资质，不符合相关条件的机构及个人，包括开设互联网直播间以个人网络演艺形式开展直播业务但不持有《信息网络传播视听节目许可证》的机构，均不得通过互联网开展相关活动、事件的视音频直播服务，也不得利用网络直播平台（直播间）开办新闻、综艺、体育、访谈、评论等各类视听节目，不得开办视听节目直播频道。未经批准，任何机构和个人不得在互联网上使用"电视台""广播电台""电台""TV"等广播电视专有名称开展业务。此外，还对开展网络视听节目直播服务的单位应具备的技术、人员、管理条件、直播节目内容、相关弹幕发布、直播活动中涉及的主持人、嘉宾、直播对象等做出了具体要求。

3.《互联网直播服务管理规定》

2016年11月4日，国家互联网信息办公室发布《互联网直播服务管理规定》，明确互联网直播服务提供者和发布者在提供互联网新闻信息服务时，都应依法取得互联网新闻信息服务资质，并在许可范围内开展互联网新闻信息服务。互联网直播服务提供者应对互联网新闻信息直播及其互动内容实施先审后发管理，提供互联网新闻信息直播服务的，应设立总编辑；同时要求互联网直播服务提供者应落实企业主体责任，建立健全各项管理制度，配备与服务规模相适应的专业人员，具备即时阻断互联网直播的技术能力。对直播实施分级分类管理，建立互联网直播发布者信用等级管理体系及黑名单管理制度。

《互联网直播服务管理规定》第三条规定，提供互联网直播服务，应当遵守法律法规，坚持正确导向，大力弘扬社会主义核心价值观，培育积极健康、向上向善的网络文化，维护良好网络生态，维护国家利益和公共利益，为广大网民特别是青少年成长营造风清气正的网络空间。

其第七条规定，互联网直播服务提供者应当落实主体责任，配备与服务规模相适应的专业人员，健全信息审核、信息安全管理、值班巡查、应急处置、技术保障等制度，提供互联网新闻信息直播服务的，应当设立总编辑。互联网直播服务提供者应当建立直播内容审核平台，根据互联网直播的内容类别、用户规模等实施分级分类管理，对图文、视频、音频等直播内容加注或播报平台标识信息，对互联网新闻信息直播及其互动内容实施先审后发管理。

其第九条规定，互联网直播服务提供者以及互联网直播服务使用者不得利用互联网直播服务从事危害国家安全、破坏社会稳定、扰乱社会秩序、侵犯他人合法权益、传播淫秽色情等法律法规禁止的活动，不得利用互联网直播服务制作、复制、发布、传播法律法规禁止的信息内容。

其第十二条规定，互联网直播服务提供者应当按照"后台实名、前台自愿"的原则，对互联网直播用户进行基于移动电话号码等方式的真实身份信息认证，对互联网直播发布者进行基于身份证件、营业执照、组织机构代码证等的认证登记。互联网直播服务提供者应当对互联网直播发布者的真实身份信息进行审核，向所在地省、自治区、直辖市互联网信息办公室分类备案，并在相关执法部门依法查询时予以提供。

互联网直播服务提供者应当保护互联网直播服务使用者身份信息和隐私，不得泄露、篡改、毁损，不得出售或者非法向他人提供。

其第十四条规定，互联网直播服务提供者应当对违反法律法规和服务协议的互联网直播服务使用者，视情采取警示、暂停发布、关闭账号等处置措施，及时消除违法违规直播信息内容，保存记录并向有关主管部门报告。

4. 《关于加强网络直播服务管理工作的通知》

《关于加强网络直播服务管理工作的通知》是 2018 年 8 月全国"扫黄打非"办公室会同工业和信息化部、公安部、文化和旅游部、国家广播电视总局、国家互联网信息办公室联合下发的通知，部署各地各有关部门进一步加强网络直播服务许可、备案管理，强化网络直播服务基础管理，建立健全长效监管机制，大力开展存量违规网络直播服务清理工作。《关于加强网络直播服务管理工作的通知》的部分内容如下。

（1）加强网络直播服务许可和备案管理工作。网络直播服务提供者应依法向电信主管部门履行网站 ICP 备案手续，涉及经营电信业务及互联网新闻信息、网络表演、网络视听节目直播等业务的网络直播服务提供者应当分别向相关部门申请取得电信业务经营、互联网新闻信息服务、网络文化经营、信息网络传播视听节目等许可，并于直播服务上线 30 日内按照有关规定到属地公安机关履行公安备案手续。

互联网接入服务业务、互联网数据中心业务、内容分发网络业务（以下简称"网络接入服务"）的提供者不得为未履行 ICP 备案手续、未取得相关业务许可的网络直播服务提供者提供网络接入服务。

移动智能终端应用软件分发平台(以下简称"应用商店")不得为未履行 ICP 备案手续、未取得相关业务许可的网络直播服务提供者提供移动智能终端应用软件(以下简称"APP")分发服务。

(2)强化网络直播服务基础管理工作。各网络接入服务提供者应按照要求通过"工业和信息化部 ICP/IP 地址/域名信息备案管理系统"向各地通信管理局报送网络直播服务提供者 ICP、IP 地址、域名等信息。

有关部门将建立违法网络直播服务提供者黑名单,网络接入服务提供者应核验网络直播服务提供者的 ICP、IP 地址和域名信息,不得为信息不一致、黑名单中的网络直播服务网站、APP 提供网络接入服务。

应用商店不得为黑名单中的网络直播服务提供者提供 APP 分发服务。

各网络直播服务提供者应按照要求落实用户实名制度,加强网络主播管理,建立主播黑名单制度,健全完善直播内容监看、审查制度和违法有害内容的处置措施。

(3)组织开展存量违规网络直播服务清理工作。网络接入服务提供者、应用商店应立即进行全面清查,要求未提供 ICP 备案手续或者相关业务许可材料的网络直播服务提供者在两个月内补充相关材料,两个月后仍然无法提供相关材料的应停止服务,对拒绝提供相关材料的网络直播服务提供者应立即停止服务。

(4)建立健全网络直播服务监管工作机制。网络直播服务提供者应严格按照许可范围开展业务,不得利用直播服务制作、复制、发布、传播法律法规禁止的信息内容。

网络接入服务提供者应按照要求建立内容审核、信息过滤、投诉举报处理等相关制度,建立 7×24 小时应急响应机制,加强技术管控手段建设,按照要求处置网络直播中的违法违规行为。

网络直播服务提供者应当按照有关法律法规要求,记录直播服务使用者的发布内容和日志信息并保存一定期限,对自己不具备存储能力且不购买存储服务的网络直播服务提供者,网络接入服务提供者不得提供服务。网络接入服务提供者、网络直播服务提供者应当依法配合有关部门的监督检查、调查取证,并提供必要的文件、资料和数据。

5.《网络表演经营活动管理办法》

2016 年 12 月 2 日,文化部印发《网络表演经营活动管理办法》,该办法明确网络表演经营活动是指通过用户收费、电子商务、广告、赞助等方式获取利益,向公众提供网络表演产品及服务的行为。从事网络表演经营活动的网络表演经营单位,应根据《互联网文化管理暂行规定》,向省级文化行政部门申请取得《网络文化经营许可证》,其经营范围应明确包括网络表演,同时规定网络表演不得含有"以偷拍偷录等方式,侵害他人合法权益的"等六类内容。网络表演经营单位应要求表演者使用有效身份证件实名注册并予以核实。强调网络表演经营单位应完善用户注册系统,保存用户注册信息,积极采取措施保护用户信息安全等。本办法自 2017 年 1 月 1 日起施行。

《网络表演经营活动管理办法》表明:为切实加强网络表演经营活动管理,规范市场秩序,推动网络表演行业健康有序发展,根据《互联网信息服务管理办法》《互联网文化管理暂行规定》等有关法律法规,文化部制定了《网络表演经营活动管理办法》,

现予印发,请认真贯彻执行。网络表演是网络文化的重要组成部分。各级文化行政部门和文化市场综合执法机构要加强对网络表演市场的管理与规范,主动引导网络文化经营单位依法依规开展经营活动,自觉提供内容健康、向上向善,有益于弘扬社会主义核心价值观的优秀网络表演,促进我国网络文化繁荣发展。

其第四条规定,从事网络表演经营活动的网络表演经营单位,应当根据《互联网文化管理暂行规定》,向省级文化行政部门申请取得《网络文化经营许可证》,许可证的经营范围应当明确包括网络表演。网络表演经营单位应当在其网站主页的显著位置标明《网络文化经营许可证》编号。

其第五条规定,网络表演经营单位对本单位开展的网络表演经营活动承担主体责任,应当按照《互联网文化管理暂行规定》和《网络文化经营单位内容自审管理办法》的有关要求,建立健全内容审核管理制度,配备满足自审需要并取得相应资质的审核人员,建立适应内容管理需要的技术监管措施。不具备内容自审及实时监管能力的网络表演经营单位,不得开通表演频道。未采取监管措施或未通过内容自审的网络表演产品,不得向公众提供。

其第六条规定,网络表演不得含有以下内容:①含有《互联网文化管理暂行规定》第十六条规定的禁止内容的;②表演方式恐怖、残忍、暴力、低俗,摧残表演者身心健康的;③利用人体缺陷或者以展示人体变异等方式招徕用户的;④以偷拍偷录等方式,侵害他人合法权益的;⑤以虐待动物等方式进行表演的;⑥使用未取得文化行政部门内容审查批准文号或备案编号的网络游戏产品,进行网络游戏技法展示或解说的。

其第七条规定,网络表演经营单位应当加强对未成年人的保护,不得损害未成年人身心健康。有未成年人参与的网络表演,不得侵犯未成年人权益。

课堂活动

活动题目	收集网络直播的相关规定
活动步骤	对学生进行教学分组,每3~5人为一个小组,以小组为单位进行讨论
	讨论并收集网络直播平台准入许可设计的规定,并将结果填入表1-5中
	讨论并收集网络直播平台面临的主要监管规则,并将结果填入表1-6中
	每个小组将讨论结果形成PPT,派出一名代表进行演示
	教师给予评价

表1-5 收集结果(一)

序号	网络直播平台准入许可设计的规定

表1-6 收集结果（二）

序号	网络直播平台面临的主要监管规则

▶▶ 本章考核检测评价

一、名词解释

1. 直播电商
2. STP 理论

二、简答题

1. 直播电商的特点有哪些？
2. 直播电商的活动流程是怎样的？
3. 网络直播平台准入行业细分资质有哪些？
4. 网络直播平台面临的主要监管规则有哪些？

第 2 章
直播前期准备

本章目标

- ☑ 了解直播选品的概念。
- ☑ 掌握直播间的人员配置。
- ☑ 掌握直播脚本的策划。

学习重点、难点

学习重点：
- ☑ 直播选品的方法。
- ☑ 直播间各个岗位的岗位职责。

- ☑ 活动主题的策划。
- ☑ 直播内容的策划。

学习难点：
- ☑ 直播预告的策划。
- ☑ 直播间设备的配置。
- ☑ 直播间的布置。

 本章引言

  近几年，直播电商用户及销售量呈几何级增长。在野蛮生长阶段，明星、网红、学生、白领等各领域都有大量从业者转行进入直播电商行业。但是随着行业门槛和专业性的不断提升，以及用户对直播形式的逐渐免疫，行业开始优胜劣汰。因此优秀的产品、出色的团队、好的策划就显得尤为重要。

2.1 直播选品

2.1.1 直播选品的概念

  选品是指卖家从供应市场中选择适合目标市场需求的产品，即卖家在把握买家需求的同时，要从众多供应市场中选出质量、价格和外观最符合目标市场需求的产品。直播选品是指目标市场的受众是直播间观众的选品。

> **小贴士**
>
> **你知道什么类型的产品适合直播带货吗？**
>
> （1）刚需产品即用户需要的产品，更多的是日常生活中所需要的常见的商品。比如纸巾、日化、清洁用品、零食、化妆品等，这类商品对用户而言价格不高，买了也不嫌多。所以此类刚需产品是最适合直播带货的，且一定要具有价格优势。
>
> （2）特色产品。除刚需产品外，还需要特色产品，特色类产品加上主播的描述、展示是很容易让人心动的。它不一定有价格优势，但是能贴合用户场景，让用户觉得这个产品如果用在某处、放在家里某地、直接用在哪，是可以的、是

不错的,就很好。这个产品是让他惊喜的,是激发他的新需求的,或者将特色需求变成刚需。

(3)好看实用的产品。不管是直播带货的刚需产品,还是特色产品,都要好看,无论用户知道不知道这个产品,但好看是最吸引人去点击的,好看的东西人人喜欢,如果你直播的产品好看又好用,性价比高,那卖爆是非常容易的事。

(4)价格实惠的产品。因为大部分用户比较重视性价比,所以价格实惠的产品是大家喜欢的产品。

(5)正品保障的产品。这个是非常重要的,也是你能做大的前提,现在的用户都很在乎自己的健康,如果你的产品是三无产品,或质量不好,那肯定是做不大的,能够在网上销量暴涨的产品得先有保障才行。

2.1.2 直播选品的方法

1. 分析客户画像

在电商直播过程中,主播的角色类似于导购,主播的主要作用是帮助用户减少购物的决策时间。要想提高直播间的转化率,主播一定要学会分析用户画像。用户画像最早由阿兰·库珀提出,他认为用户画像是真实用户的虚拟代表,是建立在一系列真实数据之上的目标用户模型。将目标用户多方面的信息收集之后拼接组合在一起,就形成了用户画像。

直播选品的方法

用户画像一般由性别、年龄、地域、兴趣购物偏好、消费承受力等组成,主播在选品时要判断商品是否符合用户画像所描述的需求。

不同的用户群体,需要的商品类型不同。例如,如果用户以男性居多,最好推荐科技数码、游戏、汽车用品、运动装备等商品;如果用户以女性居多,最好推荐美妆、服饰、居家用品、美食等商品。主播只有选择符合用户画像的商品,转化率才会高。

2. 看匹配度

商品与主播之间一定要相互匹配,至少主播不反感商品,并对商品有自己的认知。主播对商品的介绍不能烦琐、复杂,要把商品卖点与用户诉求在短时间内有条理地表达出来,刺激用户产生购买欲望,进而消费乃至传播。

不管是达人主播还是商家主播,推荐的商品都要与主播的人设标签相匹配。例如,推荐母婴用品时,未婚的女性主播就会缺乏说服力,而拥有"宝妈"身份的主播就显得自然得多,可信度也更高。

直播平台在选择主播时,一定要把握好主播的定位。主播带货按商品分布类型可分为以下两种情况,如图2-1所示。

图 2-1 主播带货的两种情况

（1）品类垂直带货主播的用户画像较为精准，大部分是热衷于该垂直品类商品的用户群体。垂直品类带货主播的主要作用是帮助用户找到该品类中最合适的商品。但这种直播类型也存在用户覆盖面窄的劣势，除了喜欢该垂直品类的用户以外，其他人很少进入直播间购物。

（2）全品类覆盖带货主播的选品比较杂，但商品一定要有品牌，且给的价位足够低。除此之外，这类主播还会要求商家向用户发放优惠券、赠品等福利，帮助用户省钱。这种直播类型的优势是人群覆盖面广，劣势是用户画像比较模糊，主打低价商品，商品的价格弹性较大，一旦价格较高，用户的购买意愿就会明显降低。

3. 分析需求

对于电商直播来说，用户之所以关注主播，大多是因为主播推荐的商品可以满足他们的某些需求。主播可以通过客户画像预估用户的需求，针对客户的年龄层次、男女比例、兴趣爱好等选择合适的商品。客户的总体需求可以归结为以下 3 个方面。

（1）保持新鲜感。人都有喜新厌旧的心理，所以主播要提高商品的更新频率，使用户一直保持新鲜感，以此来增加用户的黏性。如果长时间只卖同样的两三件商品，用户早晚会失去兴趣。

（2）保证商品的品相。主播还要考虑用户的视觉心理，一款商品具有好的品相，会更容易激发用户的购买欲望。因此，主播在选品时，要选择那些在外观、质地、使用方法和使用效果等方面能够对用户形成感官冲击的商品，从而使直播带货充满场景感和沉浸感，并提升直播间的购物氛围。

（3）保证商品的质量。评估主播带货能力的一条重要标准是用户的复购率，而决定用户复购率的通常是商品的质量。电商直播行业曾经发生过一些因商品质量问题而引发的带货风波，这种问题会严重影响头部主播的形象，负面影响很大。而对于中小主播来说，如果商品出现质量问题，更是会对其造成难以承受的打击。因此，直播选品的标准必然要以商品质量为核心。

在直播过程中，主播与用户互动时会收到用户的反馈，其中会涉及他们很多未被满足的需求。用户会在弹幕中说出自己的需求，如"我觉得你的衣服下摆有些长""我想要买笔记本电脑""我想要吃 ×× 薯片"，主播可以根据他们提出的需求数量来选择相应的商品，及时补充商品品类，尽可能满足更多用户的需求。

4. 结合热点

与短视频发布贴合热点的逻辑类似,直播带货商品的选择也可以贴合热点。例如,端午节时全民都在吃粽子,中秋节时全民都在吃月饼,或某一时间段某知名艺人或直播达人带火了某款商品,这些都是主播可以贴合热度的点。

5. 具有特色

直播间选品一定要有特色,即选择的商品一定要有卖点,具有独特性。即使是同一款商品,市场上也有很多品牌和风格。用户购买商品不仅仅是为情怀买单,更多的还是会从商品的优势出发,看商品是否具备不同于其他竞品的特色。如果一款商品没有足够吸引人的特色,就不具备长久的竞争能力。

有些主播推荐的商品之所以转化率很低,就是因为商品的卖点不清晰,特色不明显,让用户觉得可有可无。只有商品卖点足够清晰,才能戳中用户的痛点,使其产生冲动消费,从而提升购买转化率。

选择有特色的商品后,主播要提前构思好商品卖点的介绍语言技巧。面对众多的商品,主播可以通过"商品特征+商品优势+用户利益+赋予情感"的方式来诠释各种商品的卖点,如图2-2所示。

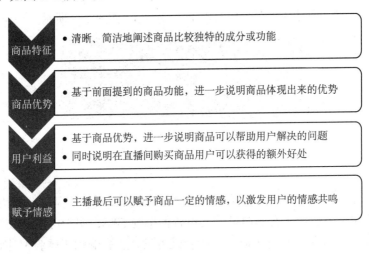

图 2-2 诠释各种商品卖点的方式

6. 高性价比

在直播带货过程中,高性价比的商品更受用户欢迎。例如,"全网最低价""无条件退换"的福利不仅最大限度地保证了用户的权益,还让用户产生了极高的信任感,因此用户的复购率非常高。

人们在电商平台上购物的原因有两个:一是快捷;二是商品价格便宜。直播属于电商平台的一种营销工具,因此在直播中购物的原因也满足电商平台的以上两个原因。高价位的商品虽然也能在直播间里销售,但很难有大的销量,即使是头部主播推荐这类商品,用户也未必会买单。

商品的高性价比还体现在赠送的优惠券上，尤其是大额的优惠券，相当于帮助用户省钱，赠送优惠券已经成为刺激用户冲动消费的有效手段。

7. 查看数据

有经验的主播和运营团队会根据直播过程中的实时数据变化来调整商品规划，主要参考的数据有实时在线人数、粉丝增长率、单击转化率及粉丝互动频率等。例如，主播可以从粉丝互动中了解粉丝对哪些商品或商品的哪些价值点更感兴趣；通过某一段时间的粉丝增长率了解到这一时间段自己做的活动或推荐的商品是否能够吸引粉丝。

如果直播间的观看人数非常多，但购买转化率很低，这时就要考虑商品定位、主播人设等方面是否存在问题。除此以外，主播还要查看直播间每日成交数据，每日不同商品的购物数据，分析哪些商品多久可以销售一空；主播还要查看每日直播数据的峰值和低谷，统计每件商品的成交额、人均成交额、点击转化率和停留时长等。直播结束后，主播也不能大意，还要进行舆情勘测，并关注退货、结算、售后等问题，根据这些数据及时改进选品的种类。

2.1.3 直播间产品供货渠道的选择

主播在选品时，商品的来源主要有以下 4 种渠道，如图 2-3 所示。

图 2-3 商品来源的 4 种渠道

1. 分销平台

分销平台主要指淘宝网、京东等电商平台，其优点是适合零基础、想快速冷启动的主播；缺点是佣金不稳定（有的商家今天设置佣金为 50%，明天可能就改为 20%）、发货时间不确定（尤其是商品量大时，可能会延迟发货，影响购买体验）。因此，主播在选品时一定要找到靠谱的商家，并提前与商家对接好售后流程。

以淘宝直播为例，目前主播可以通过淘宝联盟或阿里任务来选品。通过淘宝联盟接单：打开淘宝联盟，搜索其中有佣金的商品，联系卖家制订定向计划，之后卖家会邮寄样品给主播做直播，以此来推广店铺的商品，而样品是否归还，需要主播与卖家进行商谈。

通过阿里 V 任务接单：主播在阿里 V 任务中查看需要直播的任务，发现合适的任务后进行申请，完成任务后就可以获得佣金。不过，主播在接单过程中要注意查看商品背后的供应链。因为不管是性价比优势，还是利润空间，爆品背后的支撑是其供应链管理能力。由于目前直播用户大多带有冲动消费的性质，因此退货率可能会很高，优质的供应链能够很好地支撑这样的退货率，并尽可能保证利润。

2019 年 3 月，阿里 V 任务正式推出直播通。直播通是商家与直播间的合作推广工具，能够让商家的商品被更多的主播主动挑选并在直播间里推广，同时直播通也能成为主播的直播选品库，解决主播想为用户展示更多商品的诉求。主播在直播通中可以查看海量商品池，对接多维度的商品供应链，进行选货排期。

2. 自营品牌

自营品牌的商品来源主要是靠招商，其优点是利润较高，适合头部主播；缺点是对供应链、货品更新、仓储要求较高。

3. 合作商

合作商的商品来源渠道是被动接受（私信、商务联系，超级头部主播基本上是商家主动寻求合作的）或主播对外招商，其优点是品牌货后端有保障，商品的转化率与其他非品牌货相比较高；缺点是品牌货的利润较低，因为品牌商要从中抽走一部分利润。当然，如果是超级头部主播，坑位费也很可观。

4. 供应链

供应链的商品来源渠道是自己拓展，其优点是利润非常高，适合超级头部主播；缺点是需要投入大量资金建设供应链，资金压力较大。如果做得好，发展会很顺利；如果做得不好，很有可能会被建设供应链带来的资金压力拖垮。

课堂活动

活动题目	收集直播选品的方法与渠道
活动步骤	对学生进行教学分组，每3~5人为一个小组，以小组为单位进行讨论
	讨论并收集直播选品的方法，并将结果填入表2-1中
	讨论直播间产品供货的渠道，并将结果填入表2-2中
	每个小组将讨论结果形成PPT，派出一名代表进行演示
	教师给予评价

表 2-1 收集结果（一）

序号	直播选品的方法
1	
2	
3	

表 2-2 收集结果（二）

序号	直播间产品供货的渠道
1	
2	
3	

2.2 直播团队构建

2.2.1 直播间人员配置

1. 个人直播团队

作为整个电商直播组织架构中的一环,个人直播团队虽然势单力薄,但也是不可缺少的一部分。在商家直播、MCN 机构直播和供应链直播发展起来之前,个人直播就已经迈入了市场,可以说个人直播是电商直播发展的源头。近几年,直播行业发展迅速,竞争激烈,很多主播纷纷加入商家直播或 MCN 机构直播等平台,个人直播团队难以为继。不过,仍然有大量怀抱创业梦想的人组建个人直播团队。

一场好的直播并不是主播一个人就能完成的,而是需要团队成员的默契配合,前期的直播策划、脚本撰写,直播过程中人员的协调配合、主播的良好演绎,综合起来才能达到完美的效果。个人直播团队的组织架构如图 2-4 所示。

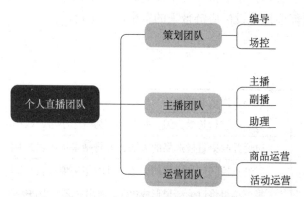

图 2-4 个人直播团队的组织架构

(1)策划团队。策划团队的主要工作内容包含确定直播主题、策划直播活动,规划直播脚本和直播中的福利。团队成员要根据主题确定商品、开播时间、直播持续时长,还要针对不同的粉丝群体属性制订不同的福利方案。

策划团队包括编导和场控,其主要职责如下:①编导,负责策划直播活动,撰写直播脚本等;②场控,负责直播间的中控台,协调商品的上架、下架,发送优惠信息、红包公告,进行抽奖送礼,随时根据直播间要求更改商品价格,以及控制直播间节奏等。

(2)主播团队。主播团队是直播的最终执行方,其工作内容是展示商品,与用户互动。除了直播以外,主播团队还要做复盘、信息反馈,以优化和提升直播效果。

主播团队一般包括主播、副播和助理,其主要职责如下:①主播,负责正常直播,熟悉商品信息,介绍并展示商品,与用户互动,介绍活动,复盘直播内容等;②副播,协助主播直播,与主播配合,说明直播间规则,介绍促销活动,补充商品卖点,引导用户关注等;③助理,配合直播间的所有现场工作,包括灯光设备的调试、商品的摆放等,有时也承担副播的角色。

（3）运营团队。运营团队一般包括商品运营和活动运营，主要负责直播的正常运营，其主要职责如下：①商品运营，负责提供商品，挖掘商品卖点，培训商品知识，优化商品等；②活动运营，负责收集活动信息，策划活动文案，执行活动计划等。

2. 商家直播团队

目前电商直播的浪潮来势迅猛，站在直播的风口上，有经验的商家，尤其是对互联网、电商、新媒体比较熟悉的商家，纷纷开始构建自营直播团队。商家直播团队的组织架构如图2-5所示。

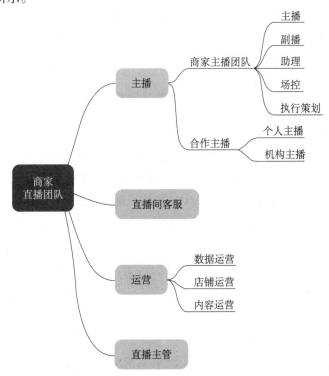

图2-5　商家直播团队的组织架构

（1）主播。商家选择主播的方式有两种：一种是可以自建主播团队；另一种是可以根据自己的需要选择合作主播。

商家主播团队包括主播、副播、助理、场控和执行策划。在选择主播时，商家要寻找与企业特点相匹配的主播，形象、气质要与品牌形象相契合，并且熟悉企业文化和商品信息，塑造的直播人设要与商品的目标用户群体需求相匹配。

合作主播包括个人主播和机构主播：个人主播，负责一些活动型直播、品牌塑造型直播等；机构主播，与个人主播的作用差不多，但是商家可以通过机构推荐选择比较成熟和匹配的主播资源。

（2）直播间客服。直播间客服主要负责直播间的互动答疑，在直播间里配合主播直播，以及商品售后发货问题等。

（3）运营。运营包括数据运营、店铺运营和内容运营，其主要职责如下：①数据运营，负责直播数据检测，分析优化方案等；②店铺运营，负责配合与直播相关店铺的运营工作等；③内容运营，负责直播前后的内容宣传、"造势"与运营等。

> **小贴士**
>
> **直播团队人员配置方案（表2-3）**
>
> 表2-3 直播团队人员配置方案一览表
>
> | 配置方案 | 主播 | 运营 | 编导 | 助理 | 选品 | 客服 | 场控 | 其他 |
> |---|---|---|---|---|---|---|---|---|
> | 低配版 | 1人 | 1人 | × | × | × | × | × | × |
> | 基础版 | 1人 | 1人 | 1人 | 1人 | × | × | × | × |
> | 进阶版 | 2人 | 1人 | 1人 | 1人 | 1人 | × | × | × |
> | 高阶版 | 2人 | 1人 | 1人 | 1人 | 1人 | 1人 | 1人 | × |
> | 旗舰版 | 2人 | 1~2人 | 1人 | 1~2人 | 2人 | 1人 | 1人 | 按需配置 |

（4）直播主管。直播主管主要负责主播的日常管理、招聘、培训、心理辅导等。

3. MCN机构直播团队

MCN机构在组建直播团队时要做的工作：筛选或孵化直播达人，发现并运营优质内容，帮助直播达人获取流量和粉丝，进行粉丝管理、平台资源对接、活动运营、商业化变现及子IP的开发等系列工作。MCN机构直播团队的组织架构包括直播业务、淘Live & PGC业务和直播商家业务，如图2-6所示。

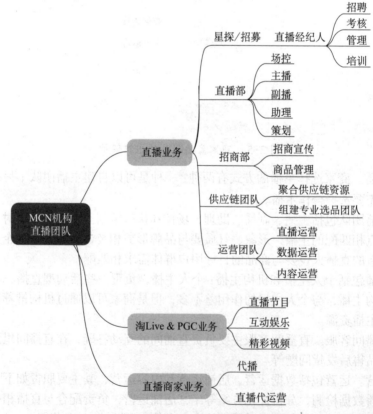

图2-6 MCN机构直播团队的组织架构

（1）直播业务。直播业务的组织架构主要包括星探/招募、直播部、招商部、供应链团队、运营团队等，各组织架构的具体人员和工作内容如表2-4所示。

表2-4 各组织架构的具体人员和工作内容

直播业务组织架构	具体人员和工作内容
星探/招募	主要是直播经纪人，负责主播的招聘、考核、管理、培训等
直播部	主要包括场控、主播、副播、助理、策划等
招商部	招商宣传：负责与商家合作、商品招商等； 商品管理：负责商品的选品、更新、管理等
供应链团队	聚合供应链资源：保持高频率带货形势下的货源稳定和价格优势； 组建专业选品团队：严格筛选，保证商品质量
运营团队	直播运营：负责与各项直播业务运营相关的工作； 数据运营：负责直播数据收集、分析，优化直播方案等； 内容运营：负责直播前后的内容宣传、"造势"、运营等

（2）淘Live & PGC业务。淘Live & PGC业务主要包括直播节目、互动娱乐和精彩视频。淘宝直播PGC栏目需要具有专业领域视频直播制作能力的机构，为淘宝用户传播其感兴趣、有价值且与电商关联的直播视频内容。

要想入驻PGC栏目，需要具备相应的资质条件：企业必须为独立法人，有固定的办公场地，为一般纳税人资质；公司注册时间要大于1年，且从事广告、自媒体、电视、电影制作等相关业务1年以上，公司注册资金不少于100万元。

MCN机构要选择需要开通"淘Live & PGC"的业务模块，提交申请、通过审核并缴纳保证金以后，即可开启MCN机构直播。

审核成功以后，MCN机构还要在15天内申请3次试播，每次直播的时长不得低于2小时，3次直播累计观看量达到2000人次后，就可以进入淘宝直播正式栏目群。要注意的是，MCN机构旗下的各个栏目活跃度不得低于70%，如果半年内未开播，就会被删除淘宝直播权限。

（3）直播商家业务。直播商家业务主要包括代播、直播代运营，其具体服务如下：①代播，为商家提供主播、直播间等一系列直播服务；②直播代运营，为商家提供直播及一切相关业务的一条龙服务。

4. 供应链基地直播团队

在MCN机构培养主播帮助商家卖货的初期，货源只能依托商家寄样。在孵化新主播的过程中，MCN机构发现仅仅依靠招商已经无法满足直播间对货品的需求，再加上行业发展越来越迅猛，主播成长得越来越快，同时用户也提高了对货品的要求，于是便诞生了直播基地、线下市场直播供应链、设计师供应链等产业。

直播行业即将进入下半场，下半场拼的一定是产品供应链效率。每个供应链都要明确自身所具备的能力，瞄准自身所在的市场，打造自己的核心竞争力，进行精细化运营。规模小的供应链可以"小而美"，与MCN机构捆绑，长期运营；规模大的供应链可以做超级供应链，从而抢占更大的市场。供应链基地直播团队的组织架构如图 2-7 所示。

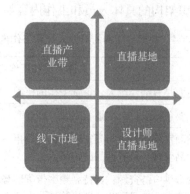

图 2-7　供应链基地直播团队的组织架构

（1）直播基地。现在市面上的直播基地运营主体主要有以下两类。

① 流量平台自建。例如，京东、淘宝、快手等平台在全国建有直播基地，其中又包括自建自营、委托第三方运营和合作运营等不同的运营方式。

② MCN 机构建设。MCN 机构也希望延展链条，因此很多 MCN 机构开始打造直播基地。

除了以上两类主体外，具有产业运营经验的园区、孵化器、联合办公场地、批发市场等也可以利用自身拥有的空间供应链试水运营直播基地。

直播基地为主播和 MCN 机构提供了绝对的便利，并至少提供了 3 种价值，即空间价值、流量价值和供应链价值，同时直播基地的集聚效应也增加了 MCN 机构的议价能力。

（2）直播产业带。直播产业带的组织架构包括"货源厂家（一级供应商）+ 直播团队 + 其他"，这是商品最根源化的一种供应链，从源头上节省了成本和流程。

产业带拥有大量商家和相对成熟的管理体系，这让商品的品质和售后服务相对有保障。线上直播和线下的产业带供应链相结合，极大提升了生产端到零售端的效率。对于主播来说，产业带的优势有效解决了商品供给问题；而对于产业带中的商家来说，主播背后的庞大粉丝群体也打消了商家在产品销售方面的顾虑。

（3）线下市场。线下市场的组织架构包括"二三级供应商 + 直播团队 + 其他"，是以一二级批发与流通市场、专业品类市场、百货大厦等线下实际正常经营的实体市场为货源的一种供应链。

（4）设计师直播基地。设计师直播基地是指以设计师为核心和出发点形成的特色型小众化供应链。这类直播基地的人员配备和普通直播基地相差无几，只是商品的来源更高端，相关成本也更高。

供应链直播基地和设计师品牌合作，或签约设计师进行设计打版，让合作的工厂生产样品，寄给主播后邀请其直播。这一般是轻奢型供应链，客单价较高，其优点是款式更新较快，毛利率相对较高，主播愿意合作，而且由于款式上具备优势，再加上存货不多,库存积压不会太多。当然,这类直播基地也有不足之处,那就是签约设计师的成本较高,这要求电商团队必须能够准确判断市场的流行趋势,同时对主播有较强的把控能力。

2.2.2 直播间各个岗位的岗位职责

1. 低配版团队

如果预算不高,可以组建低配版团队,根据工作职能,团队需要至少设置1名主播、1名运营,其岗位职责分工如表2-5所示。

表2-5 低配版团队人员岗位职责

运营				主播
营销任务分解; 货品组成; 品类规划; 结构规划; 陈列规划; 直播间数据运营	商品权益活动; 直播间权重活动; 粉丝分层活动; 排位赛制活动; 流量资源策划	商品脚本; 活动脚本; 关注语言技巧脚本; 控评语言技巧脚本; 封面场景策划; 下单角标设计; 妆容、服饰、道具等	直播设备调试; 直播软件调试; 保障直播视觉效果; 发券、配合表演; 后台回复; 数据即时登记反馈	熟悉商品脚本; 熟悉活动脚本; 运用语言技巧; 做好复盘; 控制直播节奏; 总结情绪、表情、声音等

这种岗位职责分工方式对运营要求比较高,运营必须是全能型人才,懂技术、会策划、能控场、懂商务、会销售、能运营,在直播过程中集运营、策划、场控、助理等身份于一身,能够自如地转换角色,工作要游刃有余。

设置1名主播的缺点在于团队无法实现连续直播,而且主播流失、请假等问题出现时会影响直播的正常进行。

2. 标配版团队

企业或商家选择直播带货,一般会按一场直播的完整流程所产生的职能需求组建标配版直播团队。标配版团队人员岗位职责如表2-6所示。

表2-6 标配版团队人员岗位职责

运营	策划		场控	主播
营销任务分解; 货品组成; 品类规划; 结构规划; 陈列规划; 直播间数据运营	商品权益活动; 直播间权重活动; 粉丝分层活动; 排位赛制活动; 流量资源策划	商品脚本; 活动脚本; 关注语言技巧脚本; 控评语言技巧脚本; 封面场景策划; 下单角标设计; 妆容、服饰、道具等	直播设备调试; 直播软件调试; 保障直播视觉效果; 发券、配合表演; 后台回复; 数据即时登记反馈	熟悉商品脚本; 熟悉活动脚本; 语言技巧运用; 做好复盘; 控制直播节奏; 总结情绪、表情、声音等

标配版团队的核心岗位是主播，其他人员都围绕主播来工作。当然，如果条件允许，还可以为主播配置助理，协助配合主播完成直播间的所有活动，这种团队配置的人数基本为4～5人。

3. 升级版团队

随着团队的不断发展，企业或商家可以适当壮大直播团队，将其改造为升级版团队。升级版团队人员更多，分工更细化，工作流程也更优化，其详细岗位职责如表2-7所示。

表2-7 升级版团队人员岗位职责

主播团队	主播	开播前熟悉直播流程、商品信息，以及直播脚本内容； 介绍、展示商品，与用户互动，活跃直播间气氛，介绍直播间福利； 直播结束后，做好复盘，总结语言技巧、情绪、表情、声音等
	副播	协助主播介绍商品，介绍直播间福利，主播有事时担任临时主播
	助理	准备直播商品、使用道具等； 协助配合主播工作，做主播的模特、互动对象，完成画外音互动等
策划		规划直播内容：确定直播主题；准备直播商品；做好直播前的预热宣传；规划好开播时间段，做好直播间外部导流和内部用户留存等
编导		编写商品脚本、活动脚本、关注语言技巧脚本、控评语言技巧脚本，做好封面场景策划、下单角标设计、妆容服饰道具等
场控		做好直播设备如摄像头、灯光等相关软硬件的调试； 负责直播中控台的后台操作，包括直播推送、商品上架，监测直播实时数据等； 接收并传达指令，若直播运营有需要传达的信息，场控在接到信息后要传达给主播和副播，由他们告诉用户
运营		营销任务分解、货品组成、品类规划、结构规划、陈列规划、直播间数据运营、活动宣传推广、粉丝管理等
店长导购		辅助主播介绍商品特点，强调商品卖点，为用户"种草"商品，同时协助主播与用户互动
拍摄剪辑		负责视频拍摄、剪辑（直播花絮、主播短视频，以及商品的相关信息），辅助直播工作
客服		配合主播与用户进行在线互动和答疑；修改商品价格，上线优惠链接，转化订单，解决发货、售后等问题

课堂活动

活动题目	个人直播团队人员配置
活动步骤	对学生进行教学分组，每3～5人为一个小组，以小组为单位进行讨论
	讨论并收集个人直播团队的人员配置，并将结果填入表2-8中
	讨论并收集个人直播团队工作人员的主要职责，并将结果填入表2-9中
	每个小组将讨论结果形成PPT，派出一名代表进行演示
	教师给予评价

表 2-8 收集结果（一）

序号	个人直播团队的人员配置
1	
2	
3	

表 2-9 收集结果（二）

序号	个人直播团队工作人员的主要职责
1	
2	
3	

2.3 直播策划

2.3.1 直播脚本的策划

1. 直播脚本的定义与作用

1）直播脚本的定义

直播脚本是使用特定的描述性语言，依据规定的格式编写的可执行文件。而电商直播脚本是一项卖货的计划和规划，主播和相关人员可按照直播脚本的内容进行直播。脚本的设计需要从结合粉丝需求出发。

2）直播脚本的作用

（1）明确直播主题。主题就是核心，整场直播的内容需要围绕中心主题进行拓展，比如配合品牌上新，店庆活动，或是回馈客户等。

如果内容与主题不符，比如要做店庆抽免单的主题，结果用户进来发现主播在讲省钱技巧，迟迟不抽奖，用户马上就走了。再比如要主推的产品是美妆，然后在其他次要产品的讲解太多、太细，就很容易本末倒置，忽略主题，导致内容很泛，让粉丝不知道核心是什么，很容易流失一些用户。

（2）把控直播节奏。直播节奏的制定简单来说指的就是对时间的规划。确定每段时间的直播内容，这样有助于主播从容不迫地把控整个直播间的走向，同时也优化了直播的流畅性，增加了粉丝的观感体验，不至于直播途中突然卡住，不知道该做什么或是遇到突发状况就乱了方寸。以下这些节奏点一定要在直播脚本中规划并体现出来。

① 根据直播的内容进行海报、软文的设计，并且多渠道进行宣传。一场直播，不是说等直播开了坐等流量进来，而是要主动出击，广而告之，我们要做直播了。对这个

主题有兴趣的都可以来参加，没准还能抽到小礼物。这也是为什么专业直播机构流量往往多于商家流量的原因。普通的商家太过于依赖某一个渠道的帮助，而不是反推如何结合各个渠道综合增加自己的曝光和流量，就像上活动，成熟卖家永远思考的是如何增加付费渠道引入更多的流量，而中小卖家上活动仅仅是为了节省推广费。

② 直播中要反复明确自己直播的目的。无论是开场预热还是品牌介绍，或者是整场直播活动的简单介绍，给粉丝传输直播的目的是非常关键的一点，要让粉丝明白"我在看什么""我能得到什么""有哪些产品和福利"。

一件产品大概 15～20 分钟讲解、表演、演示，然后用 5～10 分钟来重复自己直播的目的、希望达到的目标或者消费者互动能够得到的好处。节奏的把控很重要，这也是专业主播和业余主播最本质的区别。这个阶段最重要的是直播的内容要和最开始确定的目的相互呼应。

首先，直播中强调身份的专业性、身份的正确性，其目的是建立粉丝信任，增加粉丝关注度。

其次，直播中强调产品的特殊性、适用性等内容，其目的是针对这个产品提供独特的视角和深度，以期提高产品的转化率和客单价。

最后，直播中传播对品牌有利的舆论导向，其目的是做一些危机公关的处理，因为商家开店可能遇到各种各样的买家，这时也可以利用直播来做一场危机公关，效果也会很好——有主播之前针对职业差评师做过一次直播，不仅获得了大多粉丝的认可和支持，当天还转化了不少"同情单"。

一般来说，直播内容都要分阶段设置，这个阶段不是前后关系，而是并列关系，因为也要考虑很多消费者是半路加入的，并不知道你之前讲了什么，所以每个阶段要有衔接。这就是节奏的体现。

（3）直播分工的调度。直播是动态的过程，涉及人员的配合、场景的切换和道具的展示。前期在脚本上一定要做好标注，一方面，更方便直播的筹备工作；另一方面，现场的配合也会更默契。

优秀的直播脚本一定是考虑这些流程的各个环节和团队的配合，可以让正式直播的内容有条不紊的，而不是处处随机。简而言之，总的来说就是时间、场景、人员、道具、产品的综合性调度。

（4）直播互动的引导。互动、游戏、福利等是在什么时段插入，也要提前制订好执行方案并体现在脚本上，这样让主播可以明确地操控。也可以设置一些限时、限量的利益点，在特定的时间发放。比如，主播可以给出一个口令，如"0520"，前 20 名私信客服的观众可以领取一个神秘大礼包，强调仅限 20 个名额，先到先得。

一般来说，抽奖是获客高峰期，合理使用套路，能有效提升转化效果。主播一定要营造紧张的氛围，反复强调参与方式。比如，"还差 × 个预约就抽免单，马上单击预约参与抽奖"。奖品如果有实物，主播一定要拿在手上。这样的互动方法还有很多。

除此之外，还可以有情感性互动、故事性互动等，这些互动玩得好，往往会有出其不意的效果。

2. 直播脚本的分类

（1）单品脚本。单品脚本即针对单品的脚本，可以用表格的形式写下来，能把卖点和利益点非常清晰地体现在表格上，在对接的过程中也不会产生疑惑点和不清楚的地方。品牌介绍、利益点强调、引导转化、直播间注意点都是表格里应该有的。

（2）整场脚本。整场脚本是对整场直播的脚本编写，在直播过程中最重要的就是对直播活动进行规划和安排，重点是逻辑和玩法的编写以及直播节奏的把控。整场直播大概4～6小时，中间是不会休息的。接下来我们会对整场直播的脚本进行阐述。

开播第一分钟马上进入直播状态，签到环节，和最先来的粉丝打招呼。

第1～5分钟，近景直播，边互动边安利本场直播1～2款爆款，互动建议选择签到打卡抽奖，不断强调每天定点开播，等粉丝大部队来。

第5～10分钟，剧透今日新款和主推款。

第10～20分钟，将今天所有的款全部走马观花过一遍，不做过多停留，但潜在爆款可以重点推荐。整个剧透持续10分钟，助理跟上，服装、日化、食品等商品可以配套展示。整个过程不看粉丝评论，不跟粉丝节奏走，按自己的节奏逐一剧透。

开播半小时后正式进入产品逐个推荐环节。有重点地根据粉丝对剧透的需求来介绍，参考直播前产品结构拍下。每个产品的5分钟直播脚本参考上文的单品脚本。

直播中，场控根据同时在线人数和每个产品的单击转化销售数据，引导主播进行重点演绎的调整。

最后1小时，做呼声较高产品的返场演绎。

最后10分钟，主播剧透明天的新款，小助理见缝插针回复今日商品的问题。

最后1分钟，强调关注主播，明天几点准时开播，明日福利。

一份适合的直播脚本是一个直播间步入正轨的必要条件，可以让你的直播变得更有趣，产品卖得更好。

制订一份清晰、详细、可执行的直播脚本（Plan A），并且还要有应对各种突发状况的一套方案（Plan B），是一场直播顺畅并取得最佳效果的有力保障。需要注意的是，脚本不是一成不变的，而是需要不断优化的。一场直播在按脚本执行时，可以分时间段记录下各种数据和问题，结束后进行复盘分析，对不同时间段里的优点和缺点进行优化与改进，不断地调整脚本，这样一来，直播久了，心中自然就会有制定直播脚本的策略和方法了，对于直播脚本的高效运用也就更加得心应手了。

3. 直播脚本的写作手法

（1）单品脚本写作。单品脚本即以单个商品为对象，包含商品解说、品牌介绍、功能展示等内容的脚本。

一场2～6小时的直播中，主播会推荐多款产品，其中每一款产品应当有一份对应的单品直播脚本，以表格的形式将产品的卖点和优惠活动标注清楚，可以避免主播在介绍产品时手忙脚乱，混淆不清。单品脚本的表格如表2-10所示。

表 2-10　单品脚本

产品名称	产品图片	产品卖点	日常价/元	直播间活动价/元	优 惠 活 动
2021年新款夏季薄款设计感气质短袖西服上衣		1. 设计感十足 2. 薄款 3. 凸显气质 4. 经典款式	499	99	直播间立减400元，库存1000件，先到先得
复古赫本可拆卸领子露背小黑裙		1. 复古 2. 赫本风 3. 衣领可拆卸 4. 露背 5. A字连一圈 6. 设计感十足 7. 淑女名媛范儿 8. 高腰	1999	499	直播间立减1500元，库存500件，先到先得
2021年夏圆领提花镂空透气宽松百搭设计感泡泡袖衬衫女短袖上衣		1. 圆领 2. 提花镂空 3. 设计感十足 4. 泡泡袖	199	49	直播间立减150元
2021年夏装新款名媛淑女气质修身大摆杏色雪纺印花连衣裙女		1. 名媛风 2. 淑女装 3. 修身 4. 雪纺 5. 印花	399	299	直播间立减100元

续表

产品名称	产品图片	产品卖点	日常价/元	直播间活动价/元	优 惠 活 动
小香风无袖背心裙复古气质修身显瘦提花大摆蓬蓬连衣裙中长款		1. 小香风 2. 无袖 3. 掐腰 4. 修身 5. 蓬蓬裙 6. 设计感强 7. 显瘦	699	399	直播间立减300元

（2）整场脚本写作。整场直播脚本一般包含时间、地点、商品数量、直播主题、主播、预告文案、场控、直播流程（时间段）等要素。

直播流程包括详细的时间节点，以及在该时间节点主播要做的事和说的话。直播流程如下。

① 开场预热：打招呼、介绍自己、欢迎粉丝到来，今日直播主题介绍。

② 话题引入：根据直播主题或当前热点事件切入，目的是活跃直播间气氛，调动粉丝情绪。

③ 产品介绍：根据产品单品脚本介绍，重点突出产品性能优势和价格优势（直播间活动）。

④ 粉丝互动：直播间福利留人、点关注、送礼、抽奖、催单语言技巧、穿插回答问题等。

⑤ 结束预告：整场商品的回顾，催付；感谢粉丝，引导关注，预告下次直播时间、福利和产品活动。

2.3.2 直播活动主题脚本的策划与设计

做好直播营销的第一步，就是选好直播的主题。一个引人瞩目的优秀主题是传播广泛的直播不可或缺的，因此如何确立直播主题、吸引用户观看直播是直播营销中最关键的一个步骤。俗话说"好的开头是成功的一半"，选好直播的主题也是如此。

1. 明确直播目的

首先，企业要明确直播的目的，是单纯营销还是提升知名度。因此，如果企业只是想要提高销售量，就将直播主题指向卖货的方向，吸引用户立马购买；如果企业的目的是通过直播提升企业知名度和品牌影响力，那么直播的主题就要策划得宽泛一些，最重要的是要具有深远的意义。

2. 从用户角度切入

在服务行业有一句经典的话"每一位顾客都是上帝",在直播行业用户同样也是上帝,因为他们决定了直播的火热与否。没有人气的直播是无法经营并维持下去的。因此,直播主题的策划应以用户为主,从用户角度切入。

3. 利用热点做直播

在飞速发展的网络时代,热点就意味着大量的关注和流量,所以在这个时代做营销,尤其是直播营销,需要及时发现时代热点并以此展开直播。

如果抓不住热点或者抓晚了,那么你的直播很可能会过时,没人看。大部分的事物,尤其是热点,网友第一次看到会觉得新鲜有趣,第二次看也许觉得还可以,但第三次甚至更多次之后就极有可能产生厌倦情绪。因此,对于市场热点的把握非常重要,企业或个人应尽量抢占先机。

(1)关注热点。主播在策划直播内容时,必须要时刻关注市场的发展和变化趋势,尤其要关注市场的热点。就比如此前王者荣耀、绝地求生火热的时候,很多主播抓住这一波红利,凭借自己的直播技巧顺势而为,成了一哥一姐。热点的特点是关注度高,吸引的眼球足够多,如果率先借势这个热点,那么在信息差的影响下,就比别的主播领先获得这波热点的红利。抓住热点做直播,不仅很容易吸粉,主播的品牌也能够通过热点的传播进行最大范围的扩散。

(2)跟住热风向,快速出击。当主播判断了一个热点在市场中的影响力时,就需要跟住这个热风向,主动并快速出击。这时,主播一定不能偏离热点营销的主题,在自身特点的基础上加入热点元素,这样就能完美融合市场,做出抵达更多粉丝基数的直播。

在新的热点和新的领域开拓时,往往是最好的机会,平台会热捧主播,厂商也会寻找自己产品的推广代言人。总结起来就是,将热点作为直播主题的策划方向,只要抓住这个机会,也许就迎来了收割的季节。主播作为走在时代前沿的群体,要时刻关注直播的大环境和趋势的走向。

4. 利用噱头打造直播话题

从直播营销的本质上讲,话题才是信息传播的根本,也是一种高明的手段。拥有一个好的话题可以让直播营销事半功倍。因此,如何制造一个好的话题就成了直播营销的根本点。

当然,在话题的制造过程中,噱头一直以来都被人们称为"有效的佐料"。制造噱头也可以成为直播主题的选择之一。

(1)引用关键热词做噱头。在策划直播主题时,主播要学会利用关键热词汇来做噱头,因为热点词汇往往是最能吸引人们眼球的东西。在互联网时代,网上的热点词汇和事件往往能够带动用户的传播与分享。

一般来说,主播要想扩大影响力、做足知名度,就需要在直播主题中植入自己的个性标签,让粉丝通过这个核心标签就能感受到主播的内涵,还可以借助一些名人、事件来帮助自己发酵。

（2）抛出噱头。主播在做直播主题策划时，为了满足粉丝猎奇的心理，可以适当做一些活动，给粉丝来一点刺激的新鲜感，前提是不能触碰社会道德底线。比如，在直播中抛出一些重磅炸弹信息，用这些噱头打开用户的好奇心，吸引粉丝观看。

这种噱头是为了在直播题目、主题、话题上打造一个有看点的新闻，让粉丝因此走进直播间。

在直播中抛出的炸弹性信息不一定要真的多么劲爆，只是在话题、标题等方面，抛出让观众感兴趣的话题，吸引大家前来围观，然后在真正直播中尽量给大家带来一些有用的干货。

2.3.3 直播内容脚本的规划

1. 评价直播内容质量的标准

优质的直播内容是吸引观众观看直播的关键因素。一般来说，评价直播内容质量的标准有两个：一是内容的精彩程度；二是内容的表现形式。

1) 内容的精彩程度

直播内容要有一定的水准，这主要体现在三个方面，如图2-8所示。

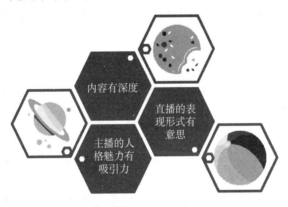

图2-8 直播内容有水准的表现

在此，需要特别强调内容的深度。要想直播内容有深度，主播就要有自己独特的观点和见解，而且这些见解要言之有物，具有很强的说服力，能够被观众接受和理解。概括来说，有深度的内容具备三个特征，如图2-9所示。

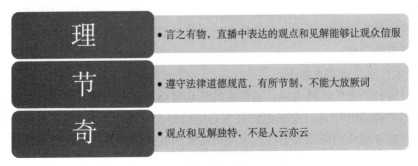

图2-9 有深度的内容的特征

2）内容的表现形式

主播要结合自身特点选择适合自己的直播表现形式。目前，比较常见的直播表现形式主要有以下几种。

（1）娱乐幽默式直播。在当前快节奏的生活环境中，人们需要了解更多信息的同时放松一下身心。因此，很多主播会以娱乐、幽默的形式来直播，如表演脱口秀，这样比较容易迎合人们的心理需求，获得人们的关注。

（2）表演式直播。表演式直播是指通过肢体动作、表情等形式来表现直播内容，如魔术、舞蹈等。在这种直播形式中，主播可以将语言作为表现直播内容的辅助手段。表演式直播不能只是主播自顾自地表演，还要配合观众的互动，这样才能增强直播的互动性，让缺少语言交流的直播显得有趣。

（3）教学培训式直播。教学培训式直播是指主播以授课的方式，在直播中教授知识与技能，如网络直播课程、美食制作直播等。这样的直播能够让观众在观看直播放松身心的同时学习某些技能或知识。

（4）卖货式直播。卖货式直播就是直播带货，主播通过在直播中向观众推荐物美价廉、性价比高的商品来吸引其关注，引导其购买商品。

（5）开箱评测式直播。开箱评测式直播是指主播拆箱并介绍商品的直播。在这类直播中，主播需要客观、诚实地描述商品的特点，以及使用商品的体验，让观众全面、真实地了解商品的功能、性能等。

2. 增强直播内容的创意性

有创意的直播内容是直播形成有效流量的关键，通过增强直播内容的创意性，可以让直播内容变得更有新鲜感和吸引力。

1）从自己擅长的领域入手

做直播不能一味地追求噱头，主播要先找到自己喜欢并擅长的领域，这样才能在直播中发挥自身优势，创作出受观众欢迎的直播内容。

如果主播对"吃"非常有研究，那么可以从美食入手来策划直播内容。在直播中，主播并不是简单地让观众看自己吃了什么、怎么吃，而是教观众怎么做美食，让观众观看自己制作各种美食的过程。这样观众不仅能够全程观看主播做菜的过程，还能听主播讲解制作美食的注意事项，并与主播进行互动，从而大大提升直播内容的新鲜感。

美食的种类多不胜数，因此主播永远不用担心自己没有新鲜的题材来进行直播。通常喜欢观看这类直播的观众也是非常热爱厨艺的，如果主播的厨艺足够专业，自然不用担心观众流失的问题。

2）挖掘直播观众需求痛点

要想打造高质量的直播内容，最根本的是从观众的需求出发，聚焦观众的痛点，即寻找观众的兴趣点和刚需，挖掘他们最关心的内容。所谓"需求至上"，就是说只有当直播的内容刺中观众的需求痛点时，才能持续吸引其关注，并让观众产生依赖，进而提高其留存率。

挖掘直播观众需求痛点时，首先，主播要对自身的能力与优势有充分的了解，并对竞争对手的直播内容和特点进行深入分析，以开展差异化的内容定位，通过细分内容来寻找观众的需求痛点；其次，主播要对观众心理进行深入的分析，只有对观众有了充分的了解，才能更精准地挖掘观众的需求，从而打造符合其需求的直播内容。

在挖掘观众需求痛点时，主播可以尝试以下几种方法。

（1）与观众建立情感连接，激发观众产生共鸣。情感是一切痛点的源头。对于很多人来说，他们之所以喜欢某个主播，是因为能够从这个主播身上找到情感寄托。例如，某个主播的说话方式非常平易近人，那么这个主播的情感标签就是"温和""和蔼"，其聊天方式能够给观众带来亲切感；某个主播擅长制作各种精美的甜食，那么这个主播的情感标签就是"甜食"，观众通过观看直播可以学会制作各种甜食的方法。只有主播和观众之间建立了情感连接，才容易激发观众产生共鸣。

（2）为观众创造超越心理预期的内容。要想激发观众对直播内容进行分享和口碑宣传，就必须为他们创造令其激动和喜悦的内容，而关键点无外乎两个：一是在直播的细节上让观众感受到贴心；二是让观众从直播中获得既定内容以外的收获。

例如，观众对歌唱主播的期待是能够听到好听的歌曲，而某个主播也做到了歌唱的专业性，并且演唱了观众点播的歌曲，让其产生共鸣，就会让观众对该主播形成这样的第一印象:这个主播唱歌很专业。如果这个主播也很会聊天、平易近人，让人如沐春风，能够为观众带来一种情感寄托，那么对于观众来说，这就是一种额外的收获，容易让他们产生惊喜感。

在生活中，惊喜容易给人留下深刻的印象，而持续的惊喜容易令人感动，让人们将创造惊喜的人牢牢地刻在脑海中。因此，对于主播来说，创造能够超越观众心理预期的直播内容，才更容易给其带来惊喜。

（3）运用同理心，站在观众的角度进行思考。主播要懂得换位思考，设想如果自己是直播的观众，自己希望从直播中获得什么、什么样的内容与细节能够让自己感动，然后在直播过程中对此进行满足。例如，有的人观看直播，除了想看主播展示才艺、技能外，还想与主播进行互动，以体现自己的存在感。因此，主播在直播时要随时与这类观众进行互动，这样更容易让其感觉自己受到了重视，满足了他们的心理需求。

3）挖掘垂直度高的内容

要想提高直播内容对观众的吸引力，让观众对主播保持持续的关注，最有效的一种方式是采取垂直性策略，为观众提供垂直度高的内容。所谓垂直性策略，就是针对某个特定领域、特定人群或者某些特定需求来提供信息或服务。全而广策略的特点是多、广、杂，内容多样化，涉及的范围广；而垂直性策略的特点是专、精、深，内容专注于某个特定领域或方向，具有浓郁的行业色彩，主播所推送的直播内容都是与该领域或方向密切相关的内容，没有该领域或方向之外的闲杂内容。

品牌或企业在打造具有高度垂直型的直播内容时，除了在直播中展示自己的商品外，还可以从以下两个角度入手。

（1）以商品或服务为中心进行知识延伸。在当前的营销环境中，单纯介绍商品、推荐商品的营销方式已经很难吸引观众的关注，尤其是网络视频营销，过于直接、硬性的推销很容易引起观众的反感。如果能在直播视频中分享一些与商品或服务相关的延伸性知识，往往更容易让观众接受。因此，主播可以策划一些与直播中的商品或服务相关的拓展性信息和内容，增加直播内容的趣味性和深度。

（2）展示品牌或企业文化。品牌商和企业可以在直播中展示自己的经营理念与企业文化，彰显自身的品牌价值。文化层面的内容是最能反映自身底蕴的，有利于促进观众对品牌和企业的了解，增强观众对品牌和企业的认可度与信任度。

4）提升直播内容的专业性

主播要想长久地吸引观众观看自己直播，不能靠撒娇、卖萌等手段，而应该从专业化信息入手，为观众提供具有专业性的直播内容，让观众能够从直播中获得新的、有价值的信息而对主播保持长期的关注。

例如，通过直播做菜，让观众学会一道美食的制作方法；通过直播锻炼身体，让观众了解如何正确地健身；通过直播财务教学，让观众掌握更多的财务知识；通过带货直播，让观众购买到令自己心仪的商品等。总而言之，只要主播能够持续地为观众带来有价值的信息，观众就会认可主播的专业度，从而长期对主播保持关注。

5）借助热点制造话题

热点是指比较受广大群众关注或欢迎的新闻或信息，也指某个时期引人注目的地方或问题。在移动互联网时代，热点具有影响范围广、传播速度快的特点，因此热点往往意味着关注和流量。在策划直播内容时，主播如果能够充分利用好热点，就有可能以极低的创作成本获得非常可观的流量。

（1）热点的类型。通常将热点分为两类，即可预见性热点和突发性热点。

可预见性热点是指大众熟知的一些信息，如国家法定节假日、大型赛事活动等，这类热点备受大众关注、发生的时间、持续的时长相对稳定、同质化内容较多，考验主播的创意能力。主播可以提前做好准备，减轻创作压力。

突发性热点是指不可预见的突然发生的事件或活动。这类热点的特点是突然爆发，留给主播反应、准备的时间极短，非常考验主播的即时反应能力和快速创作能力；流量极大。

（2）热点的收集。主播要想借助热点来做直播，首先要能快速、准确地获得热点信息。针对不同类型的热点，主播在收集热点时可以参考以下方法。

① 对于可预见性热点，主播可以将每个月、每周会出现的节日、节气体育赛事、颁奖典礼等事件整理出来，制作成一个热点事件日历，然后按照这个热点事件日历来策划直播内容，准备直播资料。

② 对于突发性热点，主播可以借助微博热搜榜、搜狗热搜榜、头条指数、百度热点、清博大数据等平台收集热点。

（3）对热点进行分析。当遇到一个热点时，主播不能为了追求热点的及时性就马上将其应用到直播中，而应对热点进行分析，判断该热点是否值得使用，是否符合自己的直播定位，以及在直播时应当如何运用该热点等。通常来说，主播可以从以下几个维度对热点进行分析。

① 热点的来龙去脉。主播要了解热点的内容和始末，明白热点是如何发生的，热

点的真实经过是什么。主播不能看到一个热点就想着去"蹭",为了抢占热点时间上的优势而不去考究热点的真实性。

② 热点所处的传播阶段。热点具有很强的时效性,对于新出现的热点,主播需要判断该热点所处的传播阶段,从而采取不同的策略。对于刚刚爆发的热点,只要主播能够及时抓住,往往能够获得比较可观的流量;对于已经传播了几个小时的热点,主播可以对其进行深入分析与深度解读,就热点发表自己的见解和看法;对于传播时间已经超过一天的热点,主播可以对热点进行复盘、整合、反转再创作,从全新的角度对热点进行解读,另辟蹊径吸引观众的关注。

③ 热点的话题性。热点的话题性是指该热点是否具备可讨论性。热点之所以成为热点,是因为它能够在观众之间形成广泛的分享和传播,因此具有话题性的热点更容易引起观众的主动参与、互动和传播。

④ 热点的观众范围。所谓热点的观众范围,就是分析哪些领域、哪种类型的观众群体会对该热点感兴趣,以及这些观众群体的规模有多大。

⑤ 热点的相关度。热点的相关度是指该热点与主播所推广的商品或品牌是否存在某些关联,以及关联的程度。如果某个热点与主播推广的商品或品牌毫无关系,最终只能让主播成为该热点的传递者,只能加深观众对热点的印象,却不能为主播带来任何经济效益。

⑥ 热点的风险性。主播在运用热点时,一定要保持理智,不能触碰红线,有悖于法律法规、道德伦理等的内容不要去用,不能为了"蹭热点"而毫无底线。

(4)根据热点策划直播内容。主播在借助热点策划直播内容时,需要做好以下三个方面的工作。

① 找准热点的切入角度。借助热点制造话题的本质是借势营销,在借热点的"势"时,主播首先要做的是找准热点的切入角度。以推广或销售商品的直播来说,主播要根据观众和商品的特点选择合适的切入角度。

② 对直播内容进行整体规划。选好热点的切入角度后,主播还需要根据热点对直播内容进行具体的规划,以减轻直播时的压力。

③ 找准发布直播视频的时间点。热点是有时效性的,所以主播在发布借势热点的直播视频时要注意时效性,不能等到热点过去之后再发布直播视频,主播要能在极短的时间内获取热点,并抓住利用热点吸引流量的时机。

6)让观众参与直播内容生产

主播的直播账号在运营一段时间以后,一般都会积累一定数量的忠诚观众。此时,主播就可以发动观众的力量,让观众主动参与到直播内容的生产中,扩大直播内容的生产线,提高直播内容的精准性。主播可以采取以下三种方式来刺激观众主动参与直播内容的生产。

(1)情绪化渲染。主播可以对直播内容进行情绪上的渲染,这样更容易引起观众的互动。例如,主播可以在直播过程中讲述一些温馨或充满正能量的小故事,这样很容易让观众感动,从而激发其评论、转发的欲望。

(2)在评论区征集观众建议。在观看直播的过程中,观众可以在评论区畅所欲言。

作为直播视频的创作者,主播要懂得利用评论区来加强与观众的互动。主播可以在直播过程中发起讨论议题,鼓励观众在评论区发表自己的观点和看法,并在直播中分享观众的观点和看法。

(3)向观众请教问题。主播在直播过程中向观众请教问题,是一种非常有效的提升观众互动兴趣的方式,这样会让观众感觉自己受到重视,从而愿意主动参与到直播内容的生产。例如,在以介绍服装搭配为主题的直播中,主播可以在直播中表示自己下周要去参加一个朋友的婚礼,为此专门准备了三套服装,在展示服装的过程中,主播可以向观众请教哪套服装更适合参加婚礼,应当搭配什么款式的鞋子,由此引发观众在评论区积极发言,然后从评论区中选择几条发言与观众进行讨论。

3. 提升直播内容的吸引力

直播是一种内容呈现方式,要想吸引观众、聚拢人气,最重要的是提升直播内容对观众的吸引力。在提升直播内容吸引力的策略上,主播可以从三个方面来入手:一是坚持直播内容的原创性;二是注重直播内容的真实性;三是提升直播内容的文化内涵。

1)坚持直播内容的原创性

随着直播市场的不断发展和规范,观众的需求也在不断提升,高质量、原创性的内容会逐渐成为稀缺资源。因此,主播要坚持直播内容的原创性,要善于运用创新性思维,创作高质量的原创性内容。要坚持直播内容的原创性,主播需要做好以下两个方面的工作。

(1)遵守直播的基本原则。在直播视频时,首先要遵循以下三个原则,如图2-10所示。

① 趣味性:直播内容要具有独特的趣味性,能够给观众带来不一样的感受。需要注意的是,不能为了吸引观众关注而违背大众审美情趣。

② 实用性:直播内容要具有实用价值,能够帮助观众解决一些实际性的问题。

③ 独特性:对于推广商品或品牌的直播来说,主播要根据商品或品牌的特点来打造个性化的内容,向观众展示商品或品牌的价值。

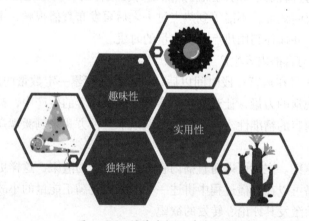

图2-10 创作直播的基本原则

（2）做好直播内容规划。策划原创性的直播内容时，主播要做好直播内容规划，为直播提供方向和思路，从而让后续的直播有的放矢。

在发布直播视频时，很多主播并没有对要发布的直播内容做好充分的规划，常常是想到什么内容就发布什么内容，而有的主播根本不知道要发布什么。这些做法不但会降低直播视频的质量，而且会降低观众的黏性。因此，在开展直播时，做好直播内容的规划是非常有必要的。优质的直播内容规划不仅能让主播省时、省力地完成直播，还可以提升直播的质量，提高观众的黏性。

主播在进行营销类直播内容规划时，需要结合商品或品牌的特点及优势。主播可以将商品或品牌的特点用几个关键词概括出来，然后根据关键词规划直播内容和表现风格。

2）注重直播内容的真实性

虽然主播策划直播内容时可以充分发挥自己的创意，但直播的内容最好能够与观众产生联系。也就是说，主播要用真实的信息、真实的情感来打动观众，而不是策划一些无中生有的内容，或者虚情假意地表达自己对某些事物的看法。例如，作为户外徒步旅行主播，可以在直播中呈现自己出发前的各种准备工作和旅游目的地的风景、人文特色，还可以在直播中讲述自己在旅途中的所见所感，为观众创造身临其境的观看体验，体现出直播内容的真实性。

3）提升直播内容的文化内涵

随着直播行业内容运营的不断细化，观众对直播内容质量的要求也在不断提高。当前，直播行业已经不再是单纯拼颜值的时代了，高质量、有内涵的直播内容更受观众的青睐。因此，主播要精心创作具有深刻文化内涵、具有艺术审美性、积极健康的直播内容，让观众能够通过观看直播得到艺术的熏陶和精神的升华。尤其是对于通过直播开展营销活动的企业来说，其更需要在提升直播内容的文化内涵上下一番功夫。

在企业直播营销中，提升直播内容的文化内涵，不仅是为了提升直播行业的整体水平，还是为了让直播内容与企业的形象更加贴近。正是因为直播能够为观众带来更加直观的视觉体验，所以观众可以通过直播画面看到企业的形象和品牌的形象。具有文化内涵的直播内容会让观众感受到企业高端的品质，而多数观众在购买商品时会在自己消费能力范围尽可能地选择具有高端品质的企业。因此，企业开展直播营销，必须要为观众打造具有文化内涵的直播内容，让观众感受到企业的高端品质和品牌价值。

课堂活动

活动题目	收集直播活动主题及内容的策划
活动步骤	对学生进行教学分组，按照每3~5人为一个小组，以小组为单位进行讨论
	讨论并收集直播活动主题可以从哪几个方面入手，并将结果填入表2-11中
	讨论如何让直播内容富有创意性，并将结果填入表2-12中
	每个小组将讨论结果形成PPT，派出一名代表进行演示
	教师给予评价

表 2-11 收集结果（一）

序号	直播活动主题策划
1	
2	
3	

表 2-12 收集结果（二）

序号	增强直播内容的创意性
1	
2	
3	

2.4 直播预告策划

2.4.1 直播预告的重要性

直播预告能够清晰地描述主题和直播内容，能让用户提前了解直播内容，同时便于小编挑选出好的直播内容进行主题包装推广。

直播预告可以上传主播在直播中要分享的商品，当你开播后，更好地利用大数据的能力，帮助你进行直播内容用户匹配，获得更精准的用户流量。

2.4.2 直播预告视频的发布规范

下面以抖音为例来解说直播预告制作的规范。

1. 主题展示

直播的主题是预告文案中最重要、最关键的内容，需要展现直播的时间、平台和主要内容。这个部分一定要放在文案最显眼的地方，否则宣传了一大堆，用户却不知道在哪里看，那就是做了无用功了。

2. 亮点呈现

抖音直播预告文案如果只是简单的通知，完全没有任何吸引力，则用户看了也不会来到你的直播间。因此，在设计预告文案时，一定要善于包装自己的直播内容，将直播策划的亮点展现出来。

比如，做带货直播的直播预告文案，那么产品的卖点、优惠价格都可以作为亮点，而且可以将你的带货商品一一列出来，让用户一眼就能了解到信息。

3. 设置悬念

文案预告中，不用将所有的亮点、福利都告诉用户，这样用户很容易失去兴趣。

这里可以留有一定的悬念，勾起用户的好奇心。比如，在罗永浩的直播预告中，就运用到了填空的方法设置悬念：

如果不是全网最 ＿＿＿，怎么会让上千万人，挤在一个屋子里买东西？

如果没有大量地发 ＿＿＿ 怎么会让路人也兴奋得大呼小叫？

倒计时1天，如果不是全程都 ＿＿＿ 怎么会让不买东西的人也舍不得离开？

你也可以借鉴这样的方法来设计自己的抖音直播预告文案，只要能勾起用户的好奇心，你的文案就成功了。

4. 搭建场景

一场成功的直播肯定是有一个直播主题的。那么在预告文案中，就可以围绕主题搭建直播场景，让用户通过文字，联想自身的实际情况，更好地代入直播。

比如，最适合夏天窝在家里、周末闲在家一定不要错过、工作太辛苦想要解压……

5. 传递价值

现在很多人看直播不只是为了打发时间，看你的直播能得到什么也是用户关心的重点。那么在直播预告文案中，就可以瞄准用户的痛点，提出解决方法，展现直播价值。

比如，闲暇时间提升自我的 n 个小方法、成功减肥 5 kg 一定要知道的 n 个小方法、晚间护肤一定要避免的坑……

用户通过这些文案，直接就能了解到想要信息，让用户感受到这场直播是有价值值得看的。

2.4.3 直播平台首页的展示标准

下面以淘宝为例来说明直播平台的展示标准。

（1）如果你的视频符合以下要求，能进入"淘宝直播频道—预告模块＋每日必看模块"。

① 最好不要有水印（目前对水印没有强求，如果要上首页就绝对不能有），建议学习上面来自主播的无水印教程。

② 视频应为横屏，画面长宽比例必须为16∶9。

③ 画面整洁不凌乱，有重点。不要全是无实际含义的微笑打招呼式的内容。

④ 对于第二天的直播，前一天的直播预告至少要在当天16点前发布，否则淘宝直播平台将不予审核浮现。

（2）如果希望预告视频在"手淘首页淘宝直播模块"展示，必须符合以下要求。

① 需要符合上述频道—预告模块的视频要求，必须上传两张封面图。

② 手淘首页视频要求更加严格，需要符合下列所有要求：内容标题＋内容简介＋两张封面图＋预告视频，这四者的风格和人物造型等保持一致；时长20秒内，文件大小2MB以内，mp4格式，全程不能有字幕、异形等处理，也不要一直挥手

打招呼!

入选首页是从频道入选的预告中择优,挑选封面图和直播间的主播形象都相符(没有落差),画面赏心悦目(主播形象+直播间装扮),且视频内容、创意、展现形式有代表性。

2.4.4 爆款标题和封面图的操作技巧

1. 标题的设计与操作

直播标题要足够吸引眼球,字数要控制在 10 个字左右,好的标题可以吸引更多的消费者进入直播间,如图 2-11 所示。

图 2-11 标题的设计

标题禁忌如下:广告法的极限词,比如最高级、全网、全国、全世界、抄底、国家、顶级、第一品牌、绝无仅有、万能、销售冠军、独家、首选、绝对、唯一、巅峰等字眼不可以使用。

可以增加权重的标题技巧如下:不要放利益折扣信息;切入粉丝消费场景;文字干净不啰唆;突出痛点;抓住顾客错过的心理。

常用标题模板如下:这种/些/样+名词+形容词,你要的天然桃胶在这;比喻、拟人、对比,比情人还甜的苹果;疑问句"怎么",怎么对付闭合粉刺;场景化有创造力的画面,随时随地让肌肤喝饱水。

2. 封面图的设计与操作

单击"创建预告"工具,进入"创建直播"页面,如图 2-12 所示。

单击"创建预告"工具后,进入"创建预告"页面,如图 2-13 所示。

图 2-12　单击"创建预告"工具

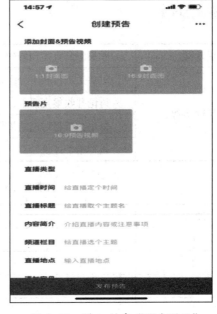
图 2-13　进入创建"预告页面"

直播封面图要求 2 张：1 张 1∶1，1 张 16∶9，两张都必须上传。

平台对封面图的要求如下：图片不能出现文字；图片不能使用拼接图；图片不能过于花哨；图片不能出现贴纸贴图元素；图片不能出现边框；图片不能有明显 Logo；图片有显著肖像权的要出示授权，如明星、知名人士。

主流封面图内容如下：纯色（不要白色）背景+人物；纯色（不要白色）背景+人物+手持产品；高清产品摆拍图；超级仿妆人物图；炫酷特色技能摆拍；吸引点击的小卖点，如图 2-14 所示。

图 2-14　直播封面图

> 课堂活动

活动题目	收集电商直播预告的展示标准
活动步骤	对学生进行教学分组，每3~5人为一个小组，以小组为单位进行讨论
	讨论并收集直播平台首页的展示标准，并将结果填入表2-13中
	每个小组将讨论结果形成PPT，派出一名代表进行演示
	教师给予评价

表2-13 收集结果

序号	直播平台首页的展示标准
1	
2	
3	

2.5 直播设备的配置与直播间的布置

2.5.1 直播设备的配置

直播运营人员要想做好直播，带给用户良好的体验，首先就要优选直播设备，并将各种设备预先调试到最佳状态。根据不同的直播环境和场景，直播可以分为室内直播和室外直播两种。直播场地不同，所选的直播设备也不同。

1. 室内直播设备

室内直播通常适合一些对光线需求强、对细节展示要求高的商品，如服装、美食、美妆等。通常来说，室内直播所需要的设备主要有以下几种。

1）摄像头

摄像头有视频摄像与带有固定支架的摄像头和软管式摄像头三种形式，其中视频摄像头是形成直播视频的基础设备，目前有带有固定支架的摄像头，也有软管式摄像头，还有可拆卸式摄像头。

带有固定支架的摄像头可以独立放置于桌面，或夹在计算机屏幕上，使用者可以转动摄像头的方向，如图2-15所示。这种摄像头的优势是比较稳定，有些带有固定支架的摄像头甚至自带防抖动装置。

软管式摄像头带有一个能够随意变换、扭曲的软管支架，如图2-16所示。这种摄像头上的软管能够多角度自由调节，即使被扭成S、L等形状仍然可以保持固定，可以实现多角度的自由拍摄。

图 2-15　带有固定支架的摄像头

图 2-16　软管式摄像头

2）耳机

耳机可以让主播在直播时听到自己的声音，从而很好地控制音调、分辨伴奏等。一般来说，入耳式耳机和头戴式耳机比较常见，如图 2-17 和图 2-18 所示。大多数主播会选择使用入耳式耳机，因为这种耳机不仅可以减轻头戴式耳机在头上被夹的不适感，而且比较美观。

3）话筒

除了视频画面外，直播时的音质也直接影响直播的质量，所以话筒的选择也非常重要。目前，话筒主要分为动圈话筒和电容话筒两种。

图 2-17　入耳式耳机　　　　　图 2-18　头戴式耳机

（1）动圈话筒。动圈话筒最大的特点是声音清晰，能够将高音最真实地还原出来，如图 2-19 所示。动圈话筒又分为无线动圈话筒和有线动圈话筒，目前大多数的无线动圈话筒都支持苹果及安卓系统。动圈话筒的不足之处在于收集声音的饱满度较差。

图 2-19　动圈话筒

（2）电容话筒。电容话筒的收音能力极强，音效饱满、圆润，让人听起来非常舒服，不会产生高音尖锐带来的突兀感，如图 2-20 所示。如果直播唱歌，就应该配置电容话筒。由于电容话筒的敏感性非常强，容易形成"喷麦"，所以使用时可以给其装上防喷罩。

4）声卡

声卡是直播时使用的专业的收音和声音增强设备，一台声卡可以连接 4 个设备，分别是话筒、伴奏用手机或平板电脑、直播用手机和耳机，如图 2-21 所示。

5）灯光设备

为了调节直播环境中的光线效果，直播间需要配置灯光设备，主要为八角补光灯和环形补光灯两种，如图 2-22 所示。对于专业直播来说，直播间则需要配置专业的灯光组合，如柔光灯、无影灯、美颜灯等，以打造更加精致的直播画面。

图2-20　电容话筒
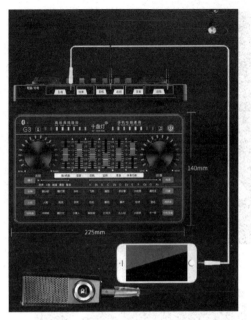
图2-21　声卡

图2-22　灯光设备

6）计算机、手机

计算机和手机可以用来查看直播间的评论，与粉丝进行互动。手机上的摄像头也可以用来拍摄直播画面。若要直播计算机屏幕上的内容，如直播PPT课件，可以使用OBS视频录制直播软件，如图2-23所示；若要直播手机屏幕上的内容，则可以在计算机上安装手机投屏软件，然后利用计算机直播。

7）支架

支架用来放置摄像头、手机或话筒，它既能解放主播的双手，让主播可以做一些动作，也能增加摄像头、手机、话筒的稳定性。主要分为手机支架和话筒支架，如图2-24、图2-25所示。

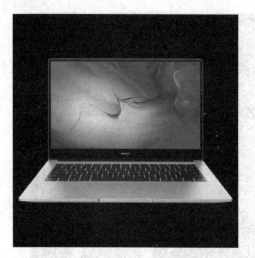 

图 2-23 计算机、手机

图 2-24 手机支架　　　　　　　　图 2-25 话筒支架

8）网络

稳定的网络是直播的基础，网络速度直接影响直播画面的质量及观看体验。室内直播时，如果条件允许，尽量使用有线网络，因为有线网络的稳定性和抗干扰性要优于无线网络。若室内有无线网络且连接设备较少，网络质量较佳，也可以选择使用室内无线网络进行直播。当无线网络不能满足直播需要时，要提前发现并解决，也可以使用移动网络，但要保证手机有足够的流量。

2. 室外直播设备

现在有越来越多的主播选择到户外进行直播，以求给用户带来不一样的视觉体验。户外直播面对的环境更加复杂，需要配置的直播设备主要有以下几种。

（1）手机。手机是户外直播的首选，但不是每款手机都适合做户外直播。进行户外直播的手机，CPU（中央处理器）和摄像头配置要高，可以选用中高端配置的苹果或安卓手机。只有CPU性能足够强，才能满足直播过程中的高编码要求，也能解决直播软件的兼容性问题。

（2）收音设备。室外直播时，如果周围的环境比较嘈杂，就需要外接收音设备来辅助收音，如图2-26所示。收音设备分为两种：第一种是无线蓝牙耳机；第二种是外接线缆，比较适合对多人进行采访时使用。

 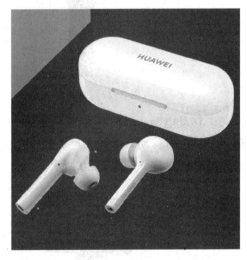

图2-26　收音设备

（3）上网流量卡。网络是户外直播首先要解决的问题，因为它对直播画面的流畅程度有着非常直接的影响。如果网络状况较差，就会导致直播画面出现卡顿现象，甚至出现黑屏的情况，这会严重影响用户的观看体验。因此，为了保证户外直播的流畅度，主播要配备信号稳定、流量充足、网速快的上网流量卡。

（4）手持稳定器。在户外做直播，主播通常需要到处走动，一旦走动，镜头就会出现抖动，这样必定会影响用户的观看体验。虽然一些手机具有防抖功能，但是防抖效果有限，这时需要主播配置手持稳定器来保证拍摄效果和画面稳定，如图2-27所示。

（5）运动相机。在户外进行直播时，如果主播不满足于手机平淡的拍摄视角，可以使用运动相机来拍摄，如图2-28所示。运动相机是一种便携式的小型防尘、防震、防水相机，它体积小巧，佩戴方式多样，拥有广阔的拍摄视角，还可以拍摄慢速镜头，主播可以在一些极限运动中使用运动相机进行拍摄。

（6）自拍杆。使用自拍杆能够有效避免"大头"画面的出现，从而让直播画面呈现得更加完整，更具有空间感。

自拍杆的种类非常多，如带蓝牙的自拍杆、能够多角度自由翻转的自拍杆，以及带美颜补光灯的自拍杆等，如图2-29所示。就户外直播来说，带美颜补光灯的自拍杆和能够多角度自由翻转的自拍杆更受欢迎。

图 2-27　手持稳定器　　　图 2-28　运动相机

（7）移动电源。目前直播的主流设备是手机，手机的便携性大大提高了直播效率，但通过手机进行移动直播时，对手机的续航能力是极大的考验，因此移动电源是辅助移动直播的必备设备，如图 2-30 所示。

图 2-29　自拍杆　　　图 2-30　移动电源

2.5.2　直播间的布置

　　直播间是主播与用户交流互动的场景，很多用户对主播的第一印象都是从主播的外貌和直播间给人的感觉中获得的。直播间的布置风格绝大部分取决于主播的喜好，因此直播间的布置往往能够呈现出很多有关主播的信息，能够突出主播的个性特征，有助于加深粉丝的印象。对于直播电商来说，直播间要突出营销的属性，可以根据直播内容来定位直播间的整体风格。

1. 直播场地基本要求

对于直播场地的选择与规划，直播团队需要优先选择用户购买与使用商品频率较高的场所，以拉近与用户之间的距离。直播间对直播场地的基本要求，可以分别从室内和室外两个场景来说。

1）室内直播场地基本要求

（1）隔音效果良好，能够有效避免杂音的干扰。

（2）有较好的吸音效果，能够避免在直播中产生回音。

（3）室内光线效果好，能够有效提升主播和商品的美观度，降低商品的色差，提高直播画面的视觉效果。

（4）室内空间充足，面积一般为 10～40m²，如果需要展示一些体积较大的商品，如钢琴、冰箱、电视机等，要注意空间的深度，确保能够完整地展示商品，直播画面要美观。

（5）如果需要使用顶光灯，则要考虑室内的高度，层高一般控制在 2.3～2.5m，要保证能够给顶光灯留下足够的空间，避免因顶光灯位置过低而导致顶光灯入镜，影响画面的美观度。

（6）为了避免直播画面过于凌乱，在直播时不能让所有的商品同时入镜。因此，在直播商品较多的情况下，直播间要留出足够的空间放置其他待播商品。此外，有些直播间会配置桌椅、黑板、花卉等道具，也要考虑为这些道具预留空间。

（7）有些直播中除了主播外还会有副播助理等人员，也要考虑为这些人员预留出工作空间。

2）室外直播场地基本要求

室外场地比较适合直播体型较大或规模较大的商品，或需要展示货源采购现场的商品。例如，现场采摘农商品、码头现场挑选海鲜或多人共同直播等。选择室外场地作为直播间时，需要考虑以下因素。

（1）室外的天气状况，一方面要做好应对下雨、刮风等天气的防范措施；另一方面要设计室内备用方案，避免在直播中遭遇极端天气而导致直播延期。另外，如果选择在傍晚或夜间直播，还需要配置补光灯。

（2）室外场地不宜过大，因为在直播过程中主播不仅要介绍各类商品，还要回应用户提出的一些问题，如果场地过大，主播容易把时间浪费在行走上。

（3）对于室外婚纱照拍摄之类对画面美观度要求较高的室外直播来说，一定要保证室外场地的美观，且场地中不能出现杂乱的人流、车流等。

2. 直播间的场景布置

直播间是用户最直接的视觉体验场所，如果直播间环境"脏、乱、差"，用户可能进入直播间之后看上一眼就退出了。因此，直播间首先要保持干净、整洁，在开播之前把各种商品、道具都摆放整齐，营造一个简洁、大方、明亮、舒适的直播环境。虽然直播间场景的搭建并没有统一的硬性标准，主播可以根据自己的喜好来进行设计与布置，但作为电商直播间，商品营销是主要目的，所以最好用销售的商品来装饰直播间，如可以用摆满商品的货架作为背景；或使用品牌Logo（标志）作为直播间的背景墙，这样既显得直播背景干净利索，又能增强品牌效应。另外，主播也可以将实体店作为直播间，以凸显直播的场景感。直播间场景布置如图2-31所示。

图2-31 直播间场景布置

下面根据直播内容主题，详细介绍如何搭建直播间场景。

1）美妆类直播间场景布置

美妆类直播间场景布置要求商品摆放美观，使直播画面呈现层次感，强化纵深度，能够突出商品卖点，便于主播进行商品营销。

（1）直播间大小。一般情况下，美妆类直播间在$10m^2$左右即可。

（2）直播间背景墙。背景墙最好简洁干净，以浅色、纯色为主，简洁大方又明亮，也可以适当布置一些装饰品，如图2-32所示。当然，也可以根据主播形象或直播风格来进行调整。如果主播的人设（即人物设定，包括形象、身份、性格等）是可爱，直播背景墙或窗帘可以用暖色，如粉色、紫色；如果主播的人设成熟稳重，则尽量以白色、灰色的背景墙为主。灰色是直播间最适合的背景色，不会过度曝光，视觉上也比较舒适，有利于突出妆容或商品的颜色。

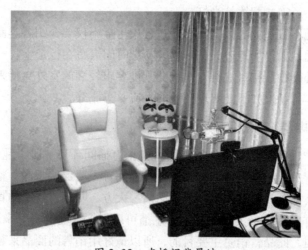

图2-32 直播间背景墙

（3）美妆展示柜。在展示柜上整齐有序地摆好要销售的商品，不仅看上去美观、舒适，还有一定的吸引力，如图2-33所示。

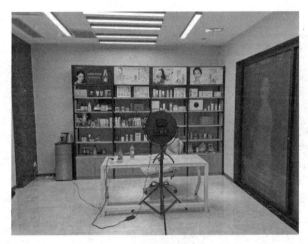

图2-33 美妆展示柜

（4）直播桌、座椅。准备桌面面积足够大的直播桌，以便于主播试用、测试、摆放备播商品。另外，考虑美妆主播长时间直播的舒适度，最好选择低靠背座椅。

如果直播空间较大，为了避免直播间显得过于空旷，可以适当放置一些室内小盆栽、小玩偶之类的装饰品，既符合主播的人设，又与直播主题相契合，能够起到丰富直播背景的作用。

2）服饰类直播间场景布置

服饰类直播间一般场景布置形式如下。

（1）直播间大小。服饰类直播，一般选择 $2m^2$ 左右的直播间，要有试衣服的空间，而且除了主播以外，还可能有展示模特、助理、客服等。

（2）衣架、衣柜。服饰类直播间必须要有衣架或衣柜，建议挂满当天直播所要销售的服装，并用假人衣架放置主打商品，如图2-34所示。

图2-34 服饰类直播间

（3）地面。直播间地面可以选择浅色系地毯或木色地板，地毯风格要与所售衣服的风格相搭配；为了便于展示服饰类、鞋靴类商品，可以搭设方台或圆台，如图2-35所示。

图 2-35 直播间地面

（4）墙面背景。墙面背景可根据商品类型做搭配，目的是提升直播间的层次感，能够给用户带来美感和舒适感。

3. 直播间辅助道具的使用

主播直播时使用辅助道具，能够非常直观地传达主播的意图，强调直播营销环节中的重点，还能成功地吸引用户的注意力，丰富直播画面，加深用户对直播或商品的印象。直播间常用的辅助道具包括以下几种。

（1）商品实物，商品实物是必须要有的道具。主播在镜头前展示商品实物或试用、试穿、试吃等，既可以提升商品的真实感，又可以提升用户的体验感，如图2-36所示。

图 2-36 商品实物展示

（2）黑板、白板、荧光板等道具板，能够展现文字、图片信息，其主要作用如下：

① 在服饰类直播中提示用户如何确定尺码,如男性身高160～170cm,体重50～60kg,选L码,这样能够提高沟通效率,减少客服的压力。

② 在彩妆类直播中可以给用户提示建议,如什么肤色或什么场合适合选择哪种色号的口红等。

③ 提示当日"宠粉"活动、福利商品等。

④ 提示下单时的备注信息,以及发货或特殊情况说明。

(3)手机、平板电脑、电子大屏等。它们主要是配合主播在进行商品介绍时展示商品全貌、官方旗舰店价格、名人同款或明星代言,以及广告宣传等。

(4)计算器、秒表等。主播可以用计算器计算商品的组合价、折扣等,以吸引用户的注意力,并且突出价格优势;秒表可以用于营造抢购商品的紧迫感,它们都是有助于商品营销的辅助工具。

4. 直播间的灯光布置

一个好的直播间除了有适当的装饰和合理的布局外,灯光布置也非常重要。合理的灯光布置能够有效提升主播的整体形象,展现商品或品牌的亮点,烘托直播间的氛围。

1)直播间灯光的选择

一般直播间对灯光的要求如下。

(1)主灯。直播间主灯一般都是选择冷光源的LED灯如果没有特殊要求,$10m^2$左右的房间选用功率为60～80W的灯即可。

(2)补光灯。补光灯又称辅灯,前置的补光灯尽量选择可以调节光源的灯,灯泡的瓦数可以稍大一些,这样便于根据实际需要调整光源的强度。

① 选择亮度可调节的灯。不同的直播背景需要不同亮度的补光灯,因此有调光功能的补光灯可以配合直播间整体明暗情况来调节亮度,十分方便。如果补光灯打不出想要的光线效果,也可以利用补光灯的反射效果,使补光灯反向照射到正对着主播正面的墙面,这样就能在一定程度上形成漫反射效果。而在营造软光效果时,通常都会用到反光板,尤其是在主播面前作为补光光源时,反光板通常能让主播的皮肤看上去更加自然、柔和。

需要注意的是,不能补光太多,要掌握好"度",因为补光光线过硬会导致主播面部过曝,甚至反光,呈现出的光线效果会更差。

② 选择高频闪的灯。所谓频闪,指的是光源的闪烁频率。任何灯光都是会闪烁的,好的补光灯闪烁很快、很密集,肉眼察觉不到,但有些光源经摄像头拍摄后屏幕上会呈现一条条的光纹,影响观感,而且长时间使用这样的补光灯会对主播的眼睛造成伤害。在此介绍一种辨别频闪的方法:打开手机相机,对准补光灯,如果手机画面没有出现明显的闪烁,则补光灯可用;反之,则慎用。

③ 冷暖灯。灯光颜色主要有暖光、冷光两种,主播可以根据直播间布置效果选择合适的灯光颜色配置。一种配置是主灯为冷光,一组补光灯为暖光,整体效果为暖光。暖光会让主播看上去更自然,暖暖的感觉也会让人更舒服。对一些美食类直播间,建议选择暖光系,这样可以衬托美食的色泽,让用户更有食欲。另一种配置是主灯为冷光,

一组补光灯为冷暖结合偏冷光，整体效果为冷光。冷光会让主播的皮肤看上去更加白皙透彻，前面补光稍微增加一点儿暖色，可以使皮肤在白皙的同时增加一点儿红晕。服装鞋靴和护肤彩妆类直播间大多采用冷光，这样能够保证服装和护肤品的展示效果。

2）直播间灯光的摆设

直播间的布置除了对背景、物品摆放有一定要求外，还对直播间的灯光布置有一定要求，因为灯光不仅可以营造气氛，塑造直播画面风格，还能起到为主播美颜的作用。按照灯光的作用来划分，直播间内用到的灯光可以分为主光、辅助光、轮廓光、顶光和背景光。不同的灯光采用不同的摆放方式，创造出来的光线效果也不同。

（1）主光。在直播视频中，主光是主导光源，它决定着画面的主基调。同时，主光又是照射主播外貌和形态的主要光线，是实现灯光美颜的第一步，能够让主播的脸部均匀受光。因此，在为直播间布光时，只有确定了主光，才能设计如何添加辅助光、背景光和轮廓光等。

主光应该正对着主播的面部，与视频摄像头上的镜头光轴形成 0°～15° 的夹角。这样会使主播面部的光线充足、均匀，并使面部肌肤显得柔和、白皙。但是，由于主光是正面光源，会使主播的脸上没有阴影，让视频画面看上去比较平面，缺乏立体感。

（2）辅助光。辅助光是从主播侧面照射过来的光，能够对主光起到一定的辅助作用。使用辅助光能够增加主播整体形象的立体感，让主播的侧面轮廓更加突出。例如，从主播左前方 45° 方向照射过来的辅助光可以使主播的面部轮廓产生阴影，从而凸显主播面部轮廓的立体感；从主播右后方 45° 方向照射过来的辅助光可以增强主播右后方轮廓的亮度，并与主播左前方的灯光效果形成反差，从而提高主播整体造型的立体感。

辅助光要放在距离主播两侧较远的位置，从而在让主播的形象更加立体，同时也能照亮周围大环境。辅助光应设置得距主播比主光更远，所以它只是形成阴影面不是完全消除阴影。在调试辅助光时，要注意光线亮度的调节，避免因某一侧的光线太强而导致主播的某些地方曝光过度，而其他地方光线太暗。

（3）轮廓光。轮廓光又称逆光，从主播的身后位置照射，形成逆光效果。轮廓光能够明显地勾勒出主播的轮廓，将其从直播间背景中分离出来，从而使主播的主体形象更加突出。在布置轮廓光时，要注意调节光线的强度。如果轮廓光的光线过亮，就会导致主播前方显得昏暗。

（4）顶光。顶光是次于主光的光源，从主播的头顶位置照射，为背景和地面增加照明，能够让主播的颧骨、下巴、鼻子等部位的阴影拉长，让主播的面部产生浓重的投影感，有利于主播轮廓造型的塑造。顶光的设置位置距离主播的头顶最好在 2m 以内。

（5）背景光。背景光又称环境光，是主播周围环境及背景的照明光，其主要作用是烘托主体或渲染气氛，可以使直播间的各位置亮度都尽可能地和谐、统一。由于背景光最终呈现的是均匀的灯光效果，所以在布置背景光时要采取低亮度、多光源的方法。

3）常用的直播间布光法

在为直播间布光时，由于主播的受光程度与其所处位置有关，所以位置不同，则受光效果也不同。因此，合理布置直播间的光源位置，或通过改变主播的位置来改善受光效果，可以使主播或商品呈现出来的画面效果更加理想。

（1）三灯布光法。三灯布光法一般适用于空间较小的场景，其优势在于能够还原立体感和空间感。该布光法就是将一台环形柔光灯作为主播的主要光源放置于主播正前方作为面光，另外两台柔光灯分别放在主播两侧打亮其身体周围。环形柔光灯自带柔光罩，光线非常柔和，即使长时间直播也不会让主播感觉刺眼；而柔光灯柔和的光线也能够使商品更有质感，更有吸引力。这种布光法适用于服装、美妆、珠宝、人物专访等多种直播场景，具有很强的适用性。

（2）伦勃朗布光法。如果想增加主播轮廓的立体度，可以采用斜上光源的布光方式，斜上光是从主播头顶左右两侧45°的方向打下的光线，在调试灯光的过程中需要使主播的眼睛下方的一侧脸上出现一块明亮的三角形光斑。这种布光法就是非常有名的伦勃朗布光法，这种布光法可以突出鼻子的立体感，强调主播的脸部骨骼结构。

（3）蝴蝶光瘦脸法。很多主播都希望把自己最美的一面呈现给用户，希望在直播画面中呈现出娇小的脸庞，这时可以使用蝴蝶光瘦脸法。这种布光方法是在主播头顶偏前的位置布置光源，会把主播的颧骨、嘴角和鼻子等部位的阴影拉长，从而拉长脸部轮廓，达到瘦脸的效果。需要注意的是，这种布光方法不适合脸庞太瘦或颧骨太高的主播。

课堂活动

活动题目	收集室内直播间设备及直播间辅助道具的使用
活动步骤	对学生进行教学分组，每3~5人为一个小组，以小组为单位进行讨论
	讨论并收集室内直播间需要的设备，并将结果填入表2-14中
	讨论直播间辅助道具的使用，并将结果填入表2-15中
	每个小组将讨论结果形成PPT，派出一名代表进行演示
	教师给予评价

表 2-14　收集结果（一）

序号	室内直播间的设备
1	
2	
3	

表 2-15　收集结果（二）

序号	直播间辅助道具的使用
1	
2	
3	

本章考核检测评价

一、名词解释
1. 直播选品
2. 直播脚本

二、简答题
1. 直播选品的方法有哪些？
2. 直播间产品供货渠道有哪些？
3. 直播脚本的核心素养有哪些？
4. 评价直播内容质量的标准是什么？

第3章
直播电商的运营

 **本章目标**

- ☑ 了解直播间语言技巧的种类。
- ☑ 掌握直播间商品的呈现技巧。
- ☑ 掌握直播间的互动技巧。
- ☑ 了解如何维护老客户。

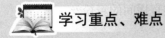 **学习重点、难点**

学习重点：
- ☑ 直播间语言技巧营销的步骤。

☑ 直播间商品的精细化配置与管理。

学习难点：

☑ 直播间互动技巧。

☑ 短视频引流。

 本章引言

　　直播电商迅速渗透到各个领域，直播电商用户及销售量呈几何级增长。直播电商用户观看人次较高的品类是时髦穿搭、珠宝、颜值管理和亲子萌娃。直播电商模式对服饰、珠宝等品类的展示比图文、短视频模式更生动，而且可以跟主播互动，对于商家引导用户成交及用户挑选产品来说都十分方便，而且兼具娱乐属性，因而观看流量明显高于其他品类。

3.1　直播间语言技巧的修炼

3.1.1　直播间语言技巧的种类

1. 留粉语言技巧

　　留粉语言技巧包括欢迎语言技巧和引导关注语言技巧，是指在直播刚开始或者直播间内粉丝较少时，为留住粉丝而常用的语言技巧。

　　（1）欢迎语言技巧。欢迎语言技巧至关重要，用户不会因为没有说欢迎语言技巧而离开直播间，所以欢迎语言技巧往往不受重视，但并不代表欢迎语言技巧不重要。对于新手主播而言，直播间的粉丝不多，使用欢迎语言技巧是缓解尴尬，让主播"有话可说"的好方法。如果能强调一下粉丝的昵称，表示一下欢迎，会给粉丝留下好印象。语言技巧可参考"欢迎进来直播间的××，不要着急马上走，主播马上就要进行精彩表演了"。

　　（2）引导关注语言技巧。引导关注语言技巧能够帮助直播间留住用户，设置奖品策略和利益诱导的语言技巧能更好地帮助主播留住直播间的用户，使之发展成为粉丝，比如"我们12点整就要抽奖啦，没有点关注的朋友记得点左上角关注""大家可以转发下，满××人我们抽波免单"。平均5～10分钟重复一次，留住直播间的新粉丝。

2. 互动语言技巧

　　由于直播时间通常是1小时，有的长达三四个小时，这段时间如果没有规划要说什么、要表演什么，就会显得时间很空，整个场面撑不起来，就出现了所谓的冷场。不光是小主播，大主播也会出现冷场的情况，不过大主播比小主播厉害之处在于，能迅速转移注意力，积极引导互动，使直播间处于活跃的氛围。那么如何巧妙地与用户互动，也离不开语言技巧。互动语言技巧一般分为回答型互动语言技巧、提问式互动语言技巧和刷屏式互动语言技巧。

（1）回答型互动语言技巧。回答型互动语言技巧是直接有效地缓解直播间冷场的语言技巧，当新手主播找不到合适的话题无话可说时，可以从随机评论中挑选一些问题，在帮助粉丝答疑解惑时，迅速调整自己的思路，做好接下来直播的规划。

（2）提问式互动语言技巧。提问式互动语言技巧也是互动语言技巧之一，当新人主播无话可说又无人评论、提问时，主播可以根据自己直播的主题和内容设置场景，提出问题引导大家的互动欲望，如"有用过某品牌的面膜吗""大家平时都喜欢用哪种面膜"等贴近用户生活的问题，不仅能让用户有参与互动的愿望，也能让自己有发挥的空间。

（3）刷屏式互动语言技巧。刷屏式互动语言技巧也是直播间常见的互动语言技巧之一，如果新主播认为自己没有能力解答评论的问题或者没有合适的场景去设置时，可以考虑刷屏式互动，如"喜欢的扣1，不喜欢的扣2"。

3. 产品介绍语言技巧

产品介绍是直播带货的重要环节，是衡量整场直播是否顺利的重要标准之一。但新人主播往往对"三小时介绍三款产品"犯难，如何把几句话的产品介绍生动又丰富地贯穿整场直播，离不开产品介绍语言技巧。我们可以尝试从介绍卖点、介绍使用场景、出具可信证明等角度介绍产品。

（1）介绍卖点。介绍卖点是产品介绍语言技巧中极为重要的一项，卖点包括性价比、颜值、功效、材质、折扣等。我们可以从这几个要点出发展开语言技巧，如"大家可以看一下，官网售价199元，今天大家在直播间下单只需要99元，买到就是赚到，每人限购一瓶，想多囤一点的朋友可以用亲人朋友的手机下单""今晚全网最低价，没有比这更低的价格了，有的话我给你补差价"。

（2）介绍使用场景。大多数人看直播买东西都不是有很明确的需求，逛着逛着就冲动消费了，买回来后发现实际作用不大。随着冲动的次数多了，很多消费者慢慢变得理性，在下单之前就会思考有没有必要买这个商品。因此，使用场景的描述，等于是给消费者一个买单的理由。假设用户在直播间看到主播正在介绍自热饭盒，大家都会觉得家里都有电饭煲了，为什么还要买自热饭盒呢。这个时候如果主播介绍，你可以买一个放在办公室，这样工作时也可以吃上一口热乎饭，不对付。场景马上就会在用户脑海中浮现出来：在工作时确实因为繁忙吃不上一口热乎饭，外卖又不卫生，自热饭盒的确方便实惠。另外一方面，对于主播而言，像这种使用场景的描述可以是多个，因为你的产品所面向的消费人群也不只是单一人群。除了给消费者描述出使用场景外，我们还可以阐述自己的使用场景和使用感受等，这样不仅可以扩展我们的产品介绍语言技巧，也可以获得用户的共鸣，更好地实现产品的转化率。

（3）出具可信证明。在介绍产品时，可以出具产品好评、代言人、销量、回购率等可信证明展开语言技巧。

4. 引导下单语言技巧

在引导下单时可以采用饥饿营销的语言技巧，主播首先定个叫好叫座的惊喜价，把潜在消费者吸引过来，然后限制供货量，造成供不应求的热销现象，从而提高售价，赚取更高的利润。但最终作用不仅仅是为了调高价格，更是为了对品牌产生高额的附加价值，从而为品牌树立起高价值的形象。如"今天只有 300 个名额，这是今晚的福利产品，大家打开 5G，抢完不会补货了""10 点前下单都是半价！半价哦！还剩 12 分钟，大家尽快下单付款，过了时间，金主爸爸就要改回原价了""库存还剩 2000 件了，大家快快快快拼手速"。

5. 直播结束语言技巧

直播结束语言技巧处于整场直播的最终环节，有着重要的作用。俗话说"编筐编篓，全在收口"。好的直播结束语言技巧不仅能够活跃直播间的氛围，还有可能实现下单的新一波高潮。我们可以从回顾整场产品、下期直播预告、感谢语言技巧三个方面设计直播结束语言技巧。

在直播快要结束时，快速回顾整场产品，可以让没有下单的新粉丝看到产品，提醒已经下单的粉丝付款；可以通过下期直播预告，告诉观众下期直播的产品与福利；通过真诚感谢语言技巧，可以和粉丝互动或者感慨一路的历程，加深粉丝的黏性。

3.1.2　直播营销语言技巧的设计

对于主播来说，语言技巧水平的高低直接影响直播间商品的销售效果。直播营销语言技巧是商品特点、功效、材质的口语化表达，是主播吸引用户停留的关键，也是促使成交的关键，因此在直播营销中，巧妙地设计直播营销语言技巧至关重要。

1. 直播营销语言技巧的设计要点

语言技巧设计是指根据用户的期望、需求、动机等，通过分析直播商品所针对的个人或群体的心理特征，运用有效的心理策略，组织的高效且富有深度的语言。直播营销语言技巧并不是单独存在的，它与主播的表情、肢体语言、现场试验、道具使用等密切相关。因此，设计直播营销语言技巧时需要把握好以下 4 个要点。

（1）语言技巧设计口语化，富有感染力。高成交率的直播营销语言技巧设计的重点是主播在介绍商品时的语言要口语化，同时搭配丰富的肢体语言、面部表情等，使主播的整体表现具有很强的感染力，能够把用户带入描绘的场景中。

例如，主播要介绍一款化妆水，如果按照说明书上的文字进行严肃而正式的介绍"这款化妆水的成分是水、双丙甘醇、丁二醇、甘油、甘草酸二钾、川谷籽提取物、苯乙烯/丙烯酸（酯）类共聚物、柠檬酸、柠檬酸钠、羟苯甲酯、羟苯丙酯"，用户听上去可能没有什么感觉。但是，如果设计一段偏口语化的语言技巧，效果可能会完全不同"不知道直播间的小公主们在夏天使用什么化妆水，我们都知道冬天干燥，需要使用厚重一点的化妆水来保湿，但是夏天天气炎热，再使用厚重的化妆水就不适合了，我手里这款化妆水就是非常适合夏天使用的一款化妆水，它的主要成分是双丙甘醇，涂在脸上给人的感觉非常水润又清爽，即使重复、大量地使用也不会有黏腻感，能够快速渗透肌肤，使肌肤保持紧致光滑。这款化妆水不含香料，没有色素也不含酒精，清爽无刺激，敏感肌的女孩子也可以使用。这款化妆水堪称性价比之王，因为这款化妆水 500mL，我们平时市面上买到的化妆水大都是 150mL 的,这是一款便宜又大碗的化妆水哟,用来敷面膜都不会心疼,直播间的女生们,还在等什么,赶紧下单吧,今天下单,明天你们的小可爱就已经在路上了哟"。

这样一段浅显易懂的语言技巧加上直播现场的操作演示,能够直接戳中用户的痛点,让用户的感受更真实,更容易做出购买行为。

(2)灵活运用语言技巧,表达要适度。很多新手主播经常把语言技巧作为一种模板或框架来套用,但需要注意的是,语言技巧并不是一成不变的,要活学活用,特别是面对用户提出的问题时,要慎重考虑后再回应。对于表扬或点赞,主播可以积极回应;对于善意的建议,主播可以酌情采纳;对于正面的批评,主播可以用幽默化解或坦荡认错;对于恶意谩骂,主播可以不予理会或直接拉黑。

凡事要掌握好度,不能张口即来,如果主播在说话时经常夸大其词、不看对象、词不达意,都有可能引发用户反感。因此,设计语言技巧要避开争议性词语或敏感性话题,以文明、礼貌为前提,既能让表达的信息直击用户的内心,又能营造融洽的直播间氛围。

(3)语言技巧配合情绪表达。新手主播往往缺乏直播经验,可能经常会遇到忘词的情况,这时主播虽然可以参考语言技巧脚本,但一定要注意配合情绪、情感,面部表情要丰富,情感要真诚,加上丰富的肢体语言、道具的使用等。直播就像一场表演,主播就是其中的主演,演绎到位才能吸引并感动用户。

使用语言技巧时,主播不能表现得过于怯懦或强势,过于怯懦会让主播失去自己的主导地位,变得非常被动,容易被牵着走;而如果主播过于强势,自说自话,根本不关心用户的想法或喜好,则不利于聚集粉丝和增加流量。

(4)语速、语调适中。在直播时,主播的语调要抑扬顿挫,富于变化,要确保用户能够听清讲话内容。主播可以根据直播内容的不同灵活掌握语速,如果想促成用户下单,语速可以适当快一些,控制在 150 字/分钟左右,用激情来感染用户;如果要讲专业性的内容,语速可以稍微慢一些,控制在 130 字/分钟左右,这样更能体现出权威性;讲到要点时,可以刻意放慢语速或停顿,以提醒用户注意倾听。

2. 直播营销语言技巧三原则

直播主要是通过语言与用户进行交流和沟通的,语言是主播思维的集中表现,能够从侧面体现出主播的个人修养与气质。直播营销语言技巧要符合 3 个原则,如图 3-1 所示。

直播营销三原则

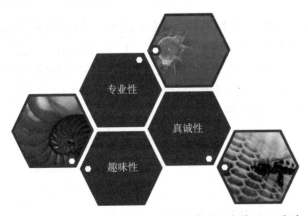

图 3-1　直播营销语言技巧三原则

（1）专业性。直播语言技巧的专业性体现在两个方面：一是主播对商品的认知程度，主播对商品认知得越全面、越深刻，在进行商品介绍时就越游刃有余，越能彰显自己的专业程度，也就越能让用户产生信任感；二是主播语言表达方式的成熟度，同样的一些话，由经验丰富的主播说出来，往往比由新手主播说出来更容易赢得用户的认同和信任，这是因为经验丰富的主播有更成熟的语言表达方式，他们知道如何说才能让自己的语言更具说服力。

例如，如果是服装行业的直播，主播必须对衣服的材质、风格、当下的时尚流行趋势、穿搭技巧等内容有深入的了解，并具备一定的审美能力；如果是美妆行业的直播，主播要对护肤品的成分、护肤知识、化妆技巧、彩妆搭配等非常精通。专业的内容是主播直播的核心，主播只有不断学习，提高自身的专业素养，拥有丰富的专业知识，积累直播的经验，才能在直播中融入自己的专业见解，说话才会更有内涵、更有分量，更容易赢得用户的信任。

（2）真诚性。在直播过程中，主播不要总想着如何讨好用户，而应该与用户交朋友，站在用户的角度，以真诚的态度进行沟通和互动。主播要以朋友的身份给出自己最真实的建议，有时真诚比技巧更有用。真诚的力量是不可估量的，真诚的态度和语言容易激发用户产生情感共鸣，提高主播与用户的亲密度，拉近双方的心理距离，从而提高用户的黏性和忠诚度。

（3）趣味性。直播语言技巧的趣味性是指主播要让直播语言具有幽默感，不能让用户觉得直播内容枯燥无味。幽默能够展现主播的开朗、自信与智慧，使用趣味性的语言更容易拉近主播与用户的距离，提升用户的参与感。同时，幽默的语言还是直播间的气氛调节剂，能够帮助营造良好、和谐的氛围，并加速主播与用户建立友好关系的过程。

不过，主播的幽默一定要适度，掌握好分寸，不能给用户留下轻浮、不可靠的印象；其次，主播还要注意幽默的内容，可以对一些尴尬场面进行自我调侃，但不要触及私人问题或敏感话题，而且不能冲淡直播主题，不能把用户的思路越拉越远，最终要回到直播营销的主题上。要想成为一名出色的电商主播，需要提升直播语言的趣味性，主播可以通过学习脱口秀节目、娱乐节目中主持人的说话方式来锻炼自己的幽默思维。

3.1.3 直播间语言技巧营销的步骤

从本质来说，直播带货也是市场营销的一种，其主要任务和目的都是把产品卖出去。只不过，相对于传统营销，由直播构建的虚拟购物场景，已经成功地将曾经在狭小市场的叫卖声带到了实时互动的直播间里。在直播带货的过程中，主播所扮演的角色，其实就等同于线下店铺的销售员，所以我们在直播带货时可以借鉴线下的营销万能公式，即五步销售法。五步销售法的具体步骤如图 3-2 所示。

图 3-2　五步销售法

1. 提出问题

结合消费场景找出用户的痛点及需求点,给用户提供一个购买理由。例如,秋季干燥,很多人重视补水护肤。如果我们推广一款补水面膜,那么主播最好进行前期铺垫,讲讲皮肤干燥带来的感受并提出使人困扰的问题,让这些困扰成为直播间里互动的话题,注意不要形容得太夸张,要从现实中取材,可以从一句简单的抱怨开始讲起,"秋天太干燥了,皮肤总是缺水,脸上发痒又不敢挠",引出问题,既不需要深入地讲,也不需要立即引出产品,重点是引起用户的共鸣。

2. 放大问题

放大问题要做到全面且最大化,把大家忽略掉的问题或困扰尽可能地列举出来,结合前文的例子,把不注重皮肤补水的危害一一说明。比如,"皮肤在秋天不及时补水的话,很容易出现皱纹、色斑等情况,失去弹性,进而衰老得很快"。

3. 引入产品

引入产品是指以解决问题为出发点,引入产品解决之前提出的问题。

继续以补水内容为例,主播接着可以说"所以补水很重要,大家日常可以选择合适的补水面膜",然后逐一地引入产品。在这一步中,切记不要详细地对产品进行讲解,只需把问题解决掉,把使用产品所产生的好的结果展现给用户。

4. 提升高度

这个阶段就是展示丰富的专业知识的阶段了,主播要详细地讲解产品,并通过对行业、品牌、原料、售后等各个角度的介绍来增加产品的附加值,让用户对这款产品产生期待。

比如,主播可以从角质层水分指数的角度来做具体的解释"当肌肤角质层的水分达到15%~20%时,皮肤光滑没有细纹。当角质层的水分含量低于10%时,皮肤就会出现干燥、细纹、粗糙、脱屑等。这款补水面膜富含天然保湿因子,不仅可以帮助肌肤主动补水,还可以快速锁住水分,让你的肌肤光彩焕发"。

5. 降低门槛

当主播给观众介绍完该产品所有的相关内容之后,主播可以兴奋地讲解该产品的优惠信息、渠道的优势等,从而降低观众最后的心理防线,让观众开启疯抢模式。

直播带货与线下营销不同,主播是看不见用户的,所以主播在使用以上五步销售法时,一定要注意语言的连贯性,说话不能东一句西一句,缺乏逻辑性的讲解会令用户感到一头雾水,感觉是在浪费时间而移步别的直播间。

3.1.4 直播间不同品类商品的讲解要点

1. 产品讲解的方向

(1)品牌故事的介绍。关于品牌故事的介绍,主播可以介绍包括品牌创立和发展过程中有意义的新闻。它可以是有关品牌创始人的，也可以是发展过程中的重大事件，用来体现品牌理念、加强消费者对品牌的认知、增强品牌的吸引力。

（2）产品成分。近几年来大家对化妆品成分的关注度越来越高，很多人开始关心产品的有效成分是哪些。他们常常愿意为含有某种有效成分的产品而买单。比如含有氨基酸的洗面奶，含有神经酰胺、维生素B的舒缓修复乳液，含有胜肽、维生素C、A醇抗氧化的成分，含有抗老成分的精华或者面霜。直播时可以依照产品成分表，对成分做好充分的功课，以便在直播间内展开详细的介绍。

（3）产品功效。很多主播会将大部分的时间放在介绍产品功效上，这些通常也是用户对产品非常关注的一个方面。但是切记不要夸大、虚假宣传产品功效，否则就有产品下架、直播限流甚至封号的危险，建议以客观公正的口吻进行讲解。

（4）产品展示。产品展示可以展开讲解的地方有很多。它包含但不仅限于使用方法、产品外观设计、产品质地、使用效果、使用技巧分享等方面。

① 使用方法：主播可以在直播间使用要讲解的产品并向直播间的消费者展示使用效果及使用感受。

② 产品外观设计：主播可以讲解该产品的外在颜值及这样的设计是不是可以让使用更方便。

③ 产品质地：主播可以向消费者展示产品的水润、吸收程度、延展性等。

④ 使用效果：如粉底、眼影都可以直接展示上妆效果，这种方法比较适用于彩妆、洁面、卸妆用品等。

⑤ 使用技巧分享：主播可以在直播间对使用技巧进行分享，可以边化妆边展示。展示化妆步骤的同时植入产品，能够让粉丝更加直观地看到产品的使用效果。

（5）使用感受。主播可以向消费者说明使用前皮肤是什么样的状态，使用后皮肤变成什么样的状态，把使用感受真实地反馈给直播间的粉丝。

（6）对比市场同类型产品。主播可以选择市场其他同类型产品，分析对比其不同，从而凸显直播间产品的优势有哪些。

（7）突出讲解产品核心优势。产品在直播间的优惠价格、安全有效成分、使用效果等都可以是它的产品核心优势。

由于直播间用户流动性比较大，可以尽可能反复多讲几次这些产品的核心优势，以便照顾到新来直播间观看的消费者。

2．美妆类商品讲解要点

在直播间推荐美妆类商品时，主播要着重介绍商品的质地、价格、容量、使用方法、试用感受等。在展示效果、质地颜色等时，主播可以先在手臂或脸上尝试直观地向用户展示商品的使用效果。常见美妆类商品的介绍要点如下。

（1）底妆：类色号、适合的肤质、持久度、滋润度、遮瑕度等。

（2）唇妆：类色号、持久度、滋润度、是否容易沾杯，适合搭配何种腮红、眼妆等。

（3）修容类：质地（粉状还是膏状）、颜色（如偏红、偏灰）、是否飞粉、是否容易晕染开等，并向用户演示使用该商品修容的方法，展示使用商品前后的对比效果。

（4）遮瑕类：适合的肤质、遮瑕度、滋润度等。

（5）眼妆类。

①眼线：颜色、持久度、防水性、使用寿命、使用起来是否顺滑等。

②眼影：质地、显色度、延展度、细腻度、持久性、是否飞粉等。

③眉笔：颜色、成分、质地是否柔和、持久度、防水性等。

④睫毛膏：持久度、刷头形状、功效（让睫毛显浓密、显卷翘等）刷完是否会出现"苍蝇腿"等。

（6）化妆工具类：商品的用途、材质、使用方法、使用感觉等，并向用户展示使用方法。

（7）卸妆类：质地是否柔和、卸妆效果（可以将彩妆画在手臂上，现场卸妆）、适用的场合（例如，卸妆湿纸巾适合在外出乘车、乘飞机等场合使用）。

（8）洁面类：商品成分、适合的肤质、使用方法、起泡情况、清洁强度，适合早晨洁面使用还是晚间洁面使用，是否具备卸妆效果，洗完脸后是否有紧绷感等。

（9）面膜类：功效、成分、使用方法（尤其是比较新奇的面膜，要向用户演示其使用方法）、精华液含量等。

（10）美容工具类：功效、使用方法、使用效果、商品安全保证、商品质量认证等。

3. 服装类商品讲解要点

在介绍服装类商品时，为了增加讲解的吸引力，主播可以采用以下几种方法。

（1）亲自上身试穿。主播可以亲自试穿服装，向用户展示服装的试穿效果，前后左右都要展示清楚。主播展示试穿效果时要注意走位，用远景向用户展示服装的整体效果，用近景向用户展示服装的设计细节和亮点等。

（2）介绍服装的风格。服装的风格有很多种，如女装有学院风、森女风、小香风、名媛风、淑女风等，主播在介绍商品时，要向用户说清楚所推荐的服装属于哪种风格。

（3）介绍服装的尺码与款式。主播要向用户介绍服装的尺码，上衣需要介绍腰围、胸围、袖长及所适合的人群，裤子需要介绍腰围、臀围和裤长。

此外，主播还要介绍服装的板型。例如，宽松型服装包容性强，显得人比较瘦；修身型服装凸显身材，显得人比较精神；长款服装能够遮住臀部和大腿、修饰线条等。

（4）介绍服装的颜色。主播要介绍服装的整体颜色，说清楚这种颜色能够给人带来什么样的感觉。例如，白色显得典雅，粉色显得可爱，黑色显得沉稳等。另外，主播还要介绍这种颜色的服装具有哪些优势。例如，红色服装显得人的皮肤白，黑色服装穿上显瘦等。

（5）介绍服装的面料。服装的面料有纯棉、聚酯纤维、皮质、羊羔绒等类型，主播要先说明服装的面料类型，然后介绍该面料的优点。例如，纯棉面料透气、吸汗性强；聚酯纤维面料造型挺括、不易变形；皮质面料防风，而且显得高档；羊羔绒面料保暖效果好，悬垂性好。主播在介绍面料时，要多用近景镜头向用户展示面料的纹理和柔软度等。

（6）介绍服装的设计亮点。主播要介绍服装在款式、图案、工艺等方面的设计亮点，突出其独特性。例如，介绍服装制作工艺的精致度和稀缺性；展示服装领口、袖口、下摆等位置的设计细节，如袖口带有印花，印花是纯手工刺绣等。

（7）介绍服装的穿着场景或搭配。展示服装的穿着场景或搭配方式是服装商品介绍中非常重要的一个环节，"一衣多穿"是体现服装性价比高的关键。主播在介绍服装搭配时，不能只单纯地说它可以与其他某种款式的衣服搭配，最好将整套的服装搭配展现在镜头面前，甚至可以展示与整套服装搭配的鞋子、眼镜、帽子等其他单品。

如果条件允许，主播可以针对直播间内的某款主推服装做两套甚至更多不同风格的搭配，以满足用户休闲、上班、约会等不同场景的需求。

（8）服装报价，说明库存。对于价格较高的服装类商品来说，主播可以突出介绍高价格服装给用户带来的非凡体验，以及商品的独特之处，如纯手工制作、面料质量好、知名设计师设计等；而对于价格较低的服装类商品来说，主播可以突出介绍低价所带来的高性价比。主播在报价时要先报服装的原价，再报直播间的优惠价，通过价格对比来刺激用户产生购买欲望。

在说明库存时，主播可以强调库存的有限性，营造商品的稀缺感，以刺激用户下单。

4. 美食类商品讲解要点

主播在直播间推荐美食类商品时，需要介绍商品的产地、主料、辅料、营养价值、味道、规格、价格、包装等，还要围绕商品的加工制作方法、储存方法、食用方法等方面设计营销语言技巧。美食类商品的讲解可以围绕以下4个方面展开。

（1）安全性。美食类商品的安全性是指食品无毒、无害，符合营养要求，安全是食品消费的基本要求。主播可以围绕商品的原材料选取、清洗、切割、烹饪、制作、包装、储存、运输等一系列流程来介绍食品的安全性，可以用数据、食品安全国家标准进行背书，或采用现场检测、实验的方式来赢得用户的信任。例如，食品选材绿色健康，添加剂无毒无害，制作工序精良，通过了一系列食品安全认证。

（2）口感风味。不同地方都有其特色的美食，人们的口味需求也存在差异。主播在销售一些特色美食（如北京烤鸭、天津麻花、广西柳州螺蛳粉等）时，要找准受众群体，投其所好，强调商品特色，以及与同类商品的差异，以赢得用户的好感。主播也可以从烹饪手法、秘制酱料或口味口感等内容出发来描述商品。

主播试做食物时，要当场拆包，当场加工。例如，烤冷面，经过铁板烤制，在里面加入鸡蛋、香肠、葱花等食材，卷好以后再切碎，加上酱料拌匀就可以食用了。

主播要多用近景展示食物的全貌，详细描述食物的外观，试做、试吃后再描述食物的味道、口感等，既向用户传递了食物的烹饪方法，又展示了食物的美味。

（3）营养价值。主播在介绍美食类商品时，可以根据大众对此类型商品的需求，强调商品在某一方面的营养，食用后对人体的好处等。例如，坚果类食品有丰富的营养，含蛋白质、维生素、微量元素和膳食纤维等，具有维持营养均衡、增强体质等功效。

（4）价格优势。美食类商品日常消耗大，但可代替性强，所以客单价低、性价比高的商品更容易成为爆款。价格优势主要是指直播间推荐的商品比其他同类商品价格低，如采用商品组合套餐、五折卡、优惠券等形式拉低价格。

5. 3C类商品讲解要点

3C类商品主要是指计算机类（computer）、通信类（communication）和消费类电子产品（consumer electronics）。对于3C类商品，主播要以开箱为主，从检测、剖析、展示商品的生产工艺、性能、功能、技术指标等方面入手介绍，重点在于突出推荐的商品与其他商品的差异和推荐商品的优势。

对于用户来说，挑选3C类商品时最看重的是体验和性能，与现在使用的商品有何不同，这款产品能给用户带来什么特殊的体验与功能等。电子产品更新换代快，更新必定带来新功能，解决新需求。主播在直播时，应该着重挖掘用户的痛点需求。下面按照直播的一般流程，以手机为例来阐述3C类商品的讲解要点。

（1）介绍商品的外观、颜色，以及不同的版本，结合广告宣传和发布会等融入主播的观点和自我感受。

（2）开箱检测，展示未开封、带有薄膜的状态及所有配件等。

（3）从包装、附件、说明书等展开，讲解商品的功能，如手机的快充功能等。

（4）介绍外观设计，如屏幕大小、屏占比、屏幕质量、屏幕类型、分辨率、按钮材质、背面材质、像素、闪光灯、卡槽防水设计、机身宽度、耳机孔直径等，对比市场上的其他手机，将这些设计直观地展示给用户。

（5）新商品一般会具有特色功能或亮点，主播可以对其进行分析。例如，新款手机具有OLED屏幕、90Hz的刷新率、潜望镜远摄镜头和52MP（百万像素）主拍摄器。

（6）具体介绍硬件支持，如机身系统、处理器、内存大小、闪存大小、核数，在游戏、视频中的具体表现，各大评测软件的评分情况，同时要对比不同手机，得出有说服力的结果。

（7）介绍续航、快充、电池容量、系统耗电情况，具体到多少分钟充电多少，以及完全充满电所需的时间。

（8）介绍系统体验，如流畅度、滑动体验、是否卡屏、系统新增功能等。

（9）综合分析，根据以上试用情况对性价比等进行客观地分析。

6. 教育类商品讲解要点

对于教育类商品来说，直播营销中比较常见的是网课。网课开辟了互联网教育的新模式，教师通过在线教学将知识传递给大众。在线教学也可以实现教师与学生的面对面答疑，学生不懂就问，教师也能在线解答。在推荐网课时，主播可以从名师效应、金牌课程、优惠活动3个方面来展开。

（1）名师效应。人们都更信服优秀的教师，而资深名师的确能够扩大网课的影响力。也就是说，教师是否优秀是网课是否受欢迎的主要因素。

（2）金牌课程。除了名师效应，课程内容也是决定网课是否受欢迎的关键。要想吸引更多的用户，主播就要多推荐金牌课程。在推荐金牌课程时，主播可以按照SCQA模型来介绍课程。SCQA模型出自《金字塔原理》，它的具体内容如图3-3所示。下面以某直播带货训练营的课程为例，分析利用SCQA模型打造金牌课程营销的讲解要点。

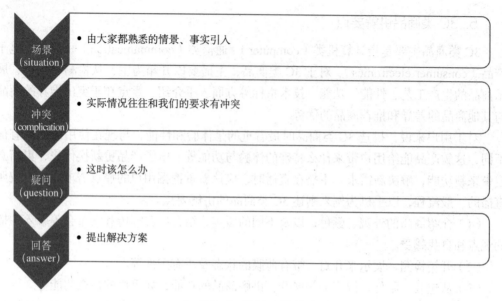

图 3-3 SCQA 模型

① 场景。现在正处于直播带货的风口，不管是行业"大咖"，还是新手，都纷纷加入直播带货的阵营中。

② 冲突。直播带货的人这么多，竞争肯定非常激烈，而很多人的直播带货能力与成果差别巨大。有的主播连续直播 2 个月却收效甚微，而有的主播仅直播两小时就能销售上万件商品。可以这样说，绝大多数主播的直播成果非常一般，甚至用"惨淡"一词来形容都不为过。

③ 疑问。主播在看到自己的直播间氛围不好、自己的带货能力差、用户转化率低时，有几个人能忍受？面临这种情况，主播是不是很想学习如何提升直播带货能力？

④ 回答。要想让直播带货的效果越来越好，只依靠自己的直觉和蛮干是不行的，你需要系统地学习。但是，你要如何学？跟谁学？学什么？学到的东西到底有没有用？如果有一位擅长直播的讲师，他自己曾出版过直播带货的书籍，做了相关的网课，你会不会通过购买他的网课来学习直播带货呢？答案毋庸置疑。

（3）优惠活动。在相似商品繁多的情况下，优惠活动就成了吸引用户的有效手段，让用户觉得划算，自然会吸引更多人。常见的优惠活动设置方式如下。

① 免费。现在很多教学直播平台都推出了免费课程。先期免费其实是在为后期收费做铺垫。利用免费的形式吸引用户关注该课题，随着关注人数的增多，课程品牌的知名度也就逐渐增加了，这时再推出付费课程，打造更优质的课程内容，就更容易受到用户的支持。同时，主播在直播时也要提醒用户关注更多其他的免费课程，并邀请好友观看，增加受众人群的数量，进一步扩大课程的品牌知名度。

② 低价。主播可以向用户推荐一些收费极低，如价格几元到几十元不等的课程，这类课程往往讲述的是人们都希望了解的一些基本知识或行业入门知识，其实关注这些课程的人也特别多。主播在介绍这类课程时可以强调课程内容简单、好学，价格实惠，以此来吸引更多用户购买课程。

③ 打折。对于一些名师主讲、金牌课程等收费较高的课程，很多都是依靠限时打折的优惠形式来吸引大众的。虽然打折后还是比一般的课程要贵，但因为课程的质量高，对学习成长有利，再加上限时打折的时间紧迫感，所以对想学习相应课程的用户来说有很强的吸引力。

④ 立减。实施立减的优惠方式，一般立减的价格都在 50 元以上，价格前后差异比较大，暗示课程的物美价廉。而用户看到这样的信息，也确实会有一种"占到便宜"的感觉，由此产生购买欲望。

⑤ 优惠券。主播在直播间推出某课程限时限量的优惠券，这与立减相似，不过优惠券的减价力度比立减的减价力度要低，一般都在 50 元以内。而优惠券的特点在于时间和数量限制，往往需要抢，从某种层面上也提醒了用户要抓住这样的优惠。

7. 图书类商品讲解要点

图书作为一种传统媒介，既是精神产品又是物质产品，其精神产品属性集中体现在内容方面，而物质产品属性则主要体现在载体方面。因此，主播在直播间推荐图书类商品时，就需要围绕这两点来讲解，如果作者知名度高，也要重点介绍作者。

（1）作者简介。作者的个人经历、性格特征、写作风格、思想观点与图书内容有直接的联系，作者的影响力是直播间推广图书的有利因素。例如，《百年孤独》的作者加夫列尔·加西亚·马尔克斯是哥伦比亚作家、记者和社会活动家，拉丁美洲魔幻现实主义文学的代表人物，20 世纪最有影响力的作家之一，1982 年诺贝尔文学奖得主，代表作有《百年孤独》(1967 年)、《霍乱时期的爱情》(1985 年)。

（2）图书内容。无论是文学作品、学术著作、教材还是其他图书，总是能够体现作者的思想、观点或方法。主播要提前分辨图书内容的类型，提炼出图书内容中的灵魂与精华部分，并用语言传递给用户。

（3）内容载体。虽然用户购买图书主要是消费其精神内容，但是精神内容在形式上还是靠物质属性来体现的。因此，图书的整体设计，如排版、纸张、图文、配套资源等要能满足用户的使用需求，包括便利性需求、情感性需求和收藏需求等。内容载体的介绍要点如下。

① 纸张的品种、质量。

② 内容的表现形式，如是纯文字还是图文结合。

③ 同步电子书，有声音、图像的表现形式。

④ 封面设计，封面的艺术风格与图书内容相匹配，采用平面设计、烫金、UV、覆膜、抛光等工艺，使封面更富有艺术感染力。

⑤ 图书内文的装帧设计主要包括版式设计、字体设计等，版式设计适应图书产品的功能，版面设计合理、脉络分明，既方便阅读，又能给读者以美的享受。

另外，主播可以针对不同的目标用户群体做具体、有针对性的介绍。例如，在推荐中国的四大名著时，主播可以根据用户定位来介绍：基于年龄划分，为幼儿群体介绍改编版，浅显易懂，并配有卡通插画；为学龄儿童群体介绍注音版；为老年人群体介绍大字版等。

> 课堂活动

活动题目	收集直播间语言技巧的种类及语言技巧营销步骤
活动步骤	对学生进行教学分组,每3~5人为一个小组,以小组为单位进行讨论
	讨论并收集直播间语言技巧的种类,并将结果填入表3-1中
	讨论并收集直播间语言技巧营销的步骤,并将结果填入表3-2中
	每个小组将讨论结果形成PPT,派出一名代表进行演示
	教师给予评价

表3-1 收集结果(一)

序号	直播间语言技巧的种类
1	
2	
3	

表3-2 收集结果(二)

序号	直播间语言技巧营销的步骤
1	
2	
3	

3.2 直播间商品的展示与呈现

3.2.1 直播间商品的陈列方式

商品陈列是烘托直播间购买氛围的手段,商品陈列的空间设计是主播卖货的舞台,而商品是陈列的重点,只有陈列方式、空间设计、商品三者合一才能成就完美的直播。当用户进入直播间时,首先的反应是对商品陈列的视觉反应,商品陈列的优劣直接影响用户留存人数和用户的消费意愿。直播间的商品陈列主要有主题式、品类式和组合式3种类型。

1. 主题式

主题式商品陈列的主要特征是统一,即与直播间的主题风格保持一致。一般来说,直播间的直播主题可以分为以下3种类型,如图3-4所示。

| 节假日 | • 中国传统节假日：春节、元宵节、中秋节等
• 文化历史节假日：儿童节、教师节、母亲节、劳动节等 |

| 季节 | 春季：春节新品、春游用品等
夏季：防晒用品、防蚊虫用品、饮品等
秋季：秋季新品、旅游、民宿等
冬季：保暖用品、火锅、润肤乳等 |

| 商品品类 | 零食类：坚果、薯片、麦片、酸奶、巧克力、美乃滋等
服装类：西装、裙子、裤子、衬衣、T恤等
美妆类：眼影、粉底、眉笔、口红等 |

图 3-4　直播间的直播主题类型

例如，卖服装的直播间要在直播间陈列一系列的服装，如图 3-5 所示；农产品直播间要在直播间陈列需要销售的农产品，如图 3-6 所示。

图 3-5　服装直播间陈列

图 3-6　农产品直播间

2. 品类式

品类式直播间的商品陈列方式主要是通过品类的组合，为用户营造琳琅满目、可以充分选择的购物氛围，从而让用户从中购买到自己心仪的商品。

3. 组合式

组合式直播间的商品陈列方式主要是通过强调商品与商品之间的紧密联系和搭配，引导用户将商品组合起来同时下单。

对于服饰类主播来说，可以引导用户购买套装。例如，买了衬衫，还可以搭配裙子或外套。对于美食类主播来说，可以把美食和制作美食的设备组合起来，如将面包和面包机组合销售，或营造吃爆米花要喝可乐，吃牛排要喝红酒等场景，从而将这些商品组合起来进行销售。但需要注意的是，在直播间陈列商品时，尽量不要把品类相似、价格相似的商品一起陈列。

3.2.2 直播间商品的呈现技巧

1. 全面呈现产品实体

要想让受众接受某一产品并购买，首先应该让他们全面了解产品，包括其直观感受和内部详解。

因此，在直播过程中，一方面主播需要把产品放在旁边，或是在讲话或进行某一动作时把产品展现出来，让受众能用眼睛看到产品实物。

另一方面主播需要在直播中植入产品主题内容，或是在直播中把产品的特点展示出来。

另外，为了更快地营销，一般还会在直播的屏幕上对其产品列表、价格和链接进行标注，或是直接展现购物车图标，以方便受众购买。

2. 鲜明呈现产品组成

不同于实体店，在视频直播中，受众要产生购买的欲望，应该有一个逐渐增加信任的过程。而鲜明地呈现产品组成，既可以更加全面地让受众了解产品，又能让受众在了解的基础上激发起信任心理，从而放心购买。

关于呈现产品组成，可能是书籍产品的精华内容，也可能是其他产品的材料构成展示，如食物的食材、效果产品内部展示等。

3.2.3 直播间商品的精细化配置与管理

在直播过程中，商品方面经常出现的问题是款式不够、利用率不高、单品销量不够等，其实这是因为主播没有把商品根据符合直播需求的逻辑进行合理化地细分，从而导致直播数据在混乱的商品配置中不断循环。要想扭转这种局面，主播一定要对直播间的商品进行精细化配置与管理。

1. 确定直播主题

电商直播的目的都是销售，主播要对每一场直播进行多样化的主题策划，并以此来进行直播内容的拓展和延伸。主播要明确向谁讲述,讲述什么,如何讲述。

做一场直播如同写一篇文章,首先要确定的就是主题。直播主题可以分为两种类型,如图3-7所示。主播可以根据这两种类型对直播主题进行阶段性的规划。

图3-7 直播主题的类型

假设以上两种类型中的每个主题都可以做成一场直播,那么主播就拥有了6个直播的主题,主播可以根据这6个主题进行不断优化。

确定直播主题后,主播下一步就要根据主题配置相应的内容,如同设计文章的各个段落。不同的直播主题要搭配不同特性的商品。以服装电商直播为例,搭配的两大重点分别是风格和套系,如图3-8所示。

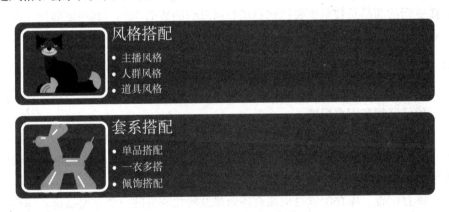

图3-8 服装电商搭配的两大重点

只有风格统一、套系整齐,整个直播间的商品调性才会一致。

2. 规划商品需求

在确定直播主题后,主播可以通过一个简单的表格来规划商品需求,从而清晰地知道每一场直播需要配置什么特征的商品。如本场直播的主题是夏至出游拍照必学穿搭,根据直播间平时的流量来设置库存,推荐商品为平跟凉鞋、遮阳帽、太阳镜等。

3. 规划商品配置比例

商品配置比例是精细化商品配置的核心之一。在规划商品配置比例时,主播要记住三大要素,即商品组合、价格区间和库存配置。合理的商品配置可以提高商品的利用程度,最大化地消耗商品库存。商品配置比例的设置类型主要有两种:单品配置比例和主次类目配置比例,如图 3-9 所示。

图 3-9 商品配置比例

确定商品配置比例后,只要根据直播时长等条件确定每场直播的商品总数就可以根据以上两种类型对应的配置方式做好相应数量的选品。

4. 保持商品更新

主播要在规划好的商品配置比例的基础上不断更新商品。为了保证每场直播的新鲜感,维护老粉丝的黏性,主播要不断更新直播内容,其中商品更新是非常重要的一部分。一场直播更新的商品总数至少要达到整场直播总商品数的 50%,其中更新的主推商品占 80%,更新的畅销单品占 20%。

5. 把控商品价格与库存

在商品需求、商品数量及更新比例都确定好的前提下,主播要进一步把控另外两大要素——价格区间和库存配置。

(1)价格区间。主播在设置价格区间时,要根据商品的原始成本加上合理的利润,再加上一些其他的费用进行设置。设置价格区间时,如果同类商品只是颜色、属性不同,价格差距也不应太大。

(2)库存配置。库存配置是提高直播效果及转化效果的一个重要措施。库存配置的一个重要原则是"保持饥饿",主播要根据不同场观(单场直播的总观看人数)和当前在线人数配置不同的库存数量,使直播间始终保持抢购的状态。要想保持"饥饿"状态,库存数量要一直低于在线人数的 50%。如果条件允许,主播可以直接设置店铺库存来配合直播的库存需求。

6. 已播商品预留和返场

为了完善商品配置,更加充分地利用商品资源,主播要对已播商品进行预留和返场。主播要根据商品配置,在所有直播过的商品中选出至少 10% 的优质商品作为预留和返场商品,并应用到以下几个场景中。

(1)日常直播一周后的返场直播,将返场商品在新流量中转化。

(2)当部分商品因特殊情况无法及时到位时,将预留商品作为应急补充。

(3)遇到节庆促销日时,将返场商品作为活动商品再次上架。

> 课堂活动

活动题目	收集直播间商品陈列方式与精细化配置
活动步骤	对学生进行教学分组，每3~5人为一个小组，以小组为单位进行讨论
	讨论并收集直播间商品的陈列方式，并将结果填入表3-3中
	讨论直播间商品如何精细化配置，并将结果填入表3-4中
	每个小组将讨论结果形成PPT，派出一名代表进行演示
	教师给予评价

表 3-3 收集结果（一）

序号	直播间商品的陈列方式
1	
2	
3	

表 3-4 收集结果（二）

序号	直播间商品精细化配置
1	
2	
3	

3.3 直播间的互动技巧

3.3.1 语言有特色

直播间最常见的互动就是和观众交流。观众通过弹幕与主播交流，主播一般是靠喊麦说话来回复观众，因此主播在与观众交流时，说话方式就显得极其重要。

1. 多说谢谢，多赞美粉丝

在和粉丝相处过程中一定要尊重对方，切不可轻视粉丝（小主播更应该关注粉丝）或是语言攻击粉丝，这都是主播大忌。只有主播尊重对方，对方才会尊重主播。如果是新人主播，万不可挑剔观众，新主播要尽量留住观众。只有留住观众，才能让直播间的人气越来越旺。直播时还要平等地对待直播间里的每位观众。粉丝就是主播的支持者。因此，主播要经常感谢自己的支持者，多说谢谢或者其他赞美粉丝的话语。

当有粉丝给你送礼物时，不论礼物的价值是多还是少，都要向粉丝表示感谢之意，如"谢谢×××送的×××"，最好是配上适当的称赞，"感谢×××又送来礼物，谢谢，你真大方"，这能让粉丝感受到主播的诚意与对粉丝的在意，让粉丝能够自愿与主播进行互动。在没有粉丝送礼物时，主播也要经常对粉丝表达感谢或者赞美粉丝，如"感谢大家的陪伴，有你们在，我才能继续在这里直播，谢谢各位"。无论是大主播还是新入行的小主播，对粉丝还是要多说谢谢，多赞美。

2. 表情动作丰富，调动气氛

一般主播在进行直播时都是打开摄像头的（除了一些游戏主播），因此主播的表情和动作也很重要。许多新主播在进行直播时，就是呆呆地坐着偶尔尬聊几句，动作僵硬，表情不够丰富。这正是新人主播人气上不去的主要原因。直播间是主播和观众沟通互动的桥梁，主播除了要善于调动现场气氛、处变不惊外，还要尽可能地增加与粉丝间的交流，提高每个人的参与感。

除了笑，新手主播也要经常做更多丰富的表情和动作。比如，女主播要学会偶尔做个爱心手势，或者是调皮地做个鬼脸。不要小看这些细节，这些细节会使粉丝们感受到主播的积极与热情，带给他们一定的感官刺激，从而产生好感，带动打赏和消费。

在主播拥有了丰富的表情和动作之后，就应该考虑如何带动直播间的氛围。其方法步骤如下。

（1）气氛营造。最好把每次直播都营造成喜庆活动。营造喜庆活动的气氛就是为了吸引大众，扩大直播间的影响。如果活动带动了整个直播间的气氛，就会有许多人来直播间观看，其中不乏一些商家。

（2）直播间氛围布置。先利用一些能带动气氛的背景布来装饰背景。背景音乐也要选择能带动气氛的，在播放之前自己要先听一遍，确认无误才能使用。最后设计一些小礼物或纪念品分发给直播间的观众，来吸引人气。分发纪念品最好是分两部分：一部分通过抽奖的方式；另一部分通过打赏的金额数来决定，一般是打赏排行榜前十的观众。

（3）气氛调动。直播间的气氛调动一般靠主播与粉丝之间的互动。一些新主播通常会在观众进入直播间时喊观众的名字，让观众感觉到主播注意到他了，进而使他们产生满足感。比如，"欢迎×××来到我的直播间"或者是利用一些点歌服务等，都可以用来调动直播间的气氛。

（4）合理利用音乐。一般主播在进行直播时都会放一些背景音乐来营造直播间的气氛。当有铁杆粉丝进入直播间时可以放点隆重的音乐，主播再说"欢迎×××来到直播间"，就会让粉丝有宾至如归的感觉。在直播交心时也可以放一些符合气氛的音乐，这样更容易调动观众们的气氛，使整个直播间的观众都感同身受。直播间只有具有良好的气氛，才能吸引观众。

3. 幽默搞笑永不过时

幽默诙谐永远是拉近主播和观众距离的一个法宝。网络视频直播的活力就体现在趣味性上。所以，尽管应该在视频直播中加入专业技能、科普知识等内容，但加入的这些知识绝不是生硬刻板的说教,而应与视频直播融为一体,以趣味的方式呈现给广大用户。具体方法步骤如下所示。

(1)语言幽默化。幽默利用得当,无论直播过程中讲的是专业技能或者科普知识,都会使整个直播过程轻松愉悦。因为这种轻松愉悦的氛围是用户所需求的,所以能够得到用户的认可。另外,由于用户群体的广泛性,各用户的性格和知识水平存在差异,在直播的过程中难免会遇到一些"奇葩"的用户,这时就应该运用幽默的语言巧妙地化解尴尬。幽默的语言不仅能在直播中起到润滑剂的作用,还能彰显主播的睿智。

(2)内容丰富化。要满足如此庞大的用户群体的需要,视频直播的内容必须要丰富,尽量涵盖娱乐、体育、旅游、音乐、健身、综艺节目、情景剧等多个领域。

(3)形式多样化。现在大家所熟知的视频直播类型主要有秀场直播、电子竞技(游戏)直播、移动直播、体育直播、活动直播、电商直播等。身为一名网络主播,在直播行业如果能保持多种多样幽默风趣的直播风格,势必不会被行业淘汰,还会越战越勇。

4. 从真实情感出发,忌过分做作

主播是坐在屏幕前与观众交流的,所以主播在和观众沟通时一定要了解对方在说什么,同时也要让对方知道自己在说什么。在与观众交流时要注意以下四点。

(1)有效沟通,也就是要多听,作为听者要设身处地,要代入说者的角度,然后根据观众说话的语气、内容,包括观众所处的年龄段和所具备的知识条件,再经过层层分析、反复琢磨,这样你才能听懂对方说的话。而不能模棱两可地跟观众沟通,万一说错话,可能会引起观众反感,造成粉丝流失。

(2)主播要把自己想表达的内容通过语言、动作和表情充分展示给观众,并结合自身的想象进行逻辑分析,从而准确地表述出来。

(3)只有主播主动去问,才能知道观众要表达的真正含义。就算是倾听也不是被动的,而是要主动去倾听,主播必须不断地探究观众的真正意图。

(4)有效沟通,还需要慰问网友。一个知性的女主播远比只懂得靠妆容去吸引人气的女主播要受欢迎得多,女主播长相差不多就可以,但一定要懂观众的想法。有些主播虽然长相一般但善于沟通,在粉丝心情不好时,她们会适当地鼓励粉丝,倾听粉丝的心声;粉丝来直播间时,她们知道粉丝最需要的东西,也许她们的知识水平不是很高,但她们懂得通过学习去提升自己。

主播与观众交流时要抱着一颗真诚的心,只有这样观众才会信任主播,观众的黏性才能提升。

3.3.2 有亲和力

亲和力是人与人之间沟通交流的一种能力。对于直播市场,那些知名主播都具有亲和力,在直播时会热情地对待每一位观众,把他们当成好朋友。有亲和力的主播一般都比较积极向上,善于与人沟通交流,通常会有一些铁杆粉丝。那么主播如何才能拥有亲和力呢?

1. 倾听粉丝的心声

作为一名主播，平日里可以与粉丝高谈阔论，但有时候也需要倾听粉丝的心声，听听他们在想什么，他们希望主播怎么样等。倾听并不只是单纯的动作或行为，它还体现了自身的修养和对他人的尊重。许多主播在直播时也会和观众聊天，但他们的人气总是上不去，为什么？不是他们的直播没意思，而是他们不懂得倾听粉丝的心声。那么，倾听有哪些好处呢？

（1）倾听可以掌握和了解更多信息。在与粉丝沟通时，倾听粉丝的想法就可以了解粉丝对主播的期待，同时还能给主播提一些建议。而且在与粉丝沟通时，倾听会让粉丝产生信任感，无意间又拉近了距离。

（2）收集信息。在倾听粉丝心声时，根据粉丝的话语可以推断出对方的一些信息，从而确定自己比较受哪些类型和年龄段的粉丝喜欢，然后根据粉丝类型重新规划直播内容，从而吸引更多的粉丝。

（3）建立更牢固的信任关系。研究表明，比起听人说话，人们更喜欢让别人听。主播有时候会开设问题咨询环节，其目的就是倾听粉丝的心声。主播与粉丝交流大多数是通过直播平台弹幕或是 QQ 群交流。在人少的时候还好，当人多了之后，主播的直播屏幕可能被弹幕覆盖，有时候会看不清粉丝写的内容。因此，主播可以在适当的情况下通知对方，让粉丝知道情况，才能更加有效地交流。

（4）耐心倾听。有时候一些主播会因为提问的人太多，经常只听个三言两语，这是不礼貌的行为，也很容易造成粉丝的误解。因此，耐心倾听完一个粉丝再听下一个，才是有质量的直播。

（5）排除消极情绪。在听完粉丝的心声后不能妄下定论，感情用事，应该理性对待，然后给予帮助或是建议。通过积极解决粉丝的问题，达到提升好感的目的。每个粉丝都是主播慢慢积累下来的资源，应当用心对待，这样才能使自己的直播之路越走越远。

2. 用智慧巧妙处理负面评价

主播在直播时可能会犯一些小错误，如主播被"黑粉"嘲讽了几句之后就突然情绪激动地骂人，还有主播一气之下直接下直播等，这会对主播产生负面评价。那么主播应该如何处理这些负面评价呢？处理负面评价必须要平衡自身的利益和观众的需要。比如，为了平息观众的不满，主播不可能直接发礼物开启各种抽奖活动，这样对消除负面评价不仅没有好处，反而会让那些恶意中伤的人更加肆意妄为，因此有效地处理负面评价显得极其重要。处理负面评价的方法如下。

（1）切勿本能回复。在回复任何负面评价时，主播应该考虑事情的严重性，根据事情的严重程度做出判断，而不能率性而为。比如，粉丝骂了主播，主播不能一顿反骂，这样不仅影响自身的形象，也会影响自己在粉丝心中的地位，还会让一些原本支持的粉丝失望。

（2）就事论事。在遇到负面评价时，要只就评论本身做判断，而不能殃及其他人。比如，一个观众骂了主播说直播不好看，作为主播不能就直接说"不好看就不好看，没人让你看"等话语，一定要就事论事，可以问观众哪里不好看，请这位观众给些建议。

主播不能急躁，要心平气和地解决问题。

（3）热情总是对的。面对负面评论，要保持热情可能很难。当这类评论很多时，还要热情答复评论，就更难了。但无论如何，主播都要尽量热情回复，让热情变成一种解决方法。除了可以帮助主播解决困难外，说不定还能带动其他评价不好的观众，变坏事为好事。

（4）提前准备。作为一名主播，应该习惯负面评论的出现，这是一定会发生的。即使他的直播是平台最好看的直播，给观众带来许多欢乐和笑声，也还是会有人不满意。有人曾说过，最好的大厨也无法满足所有人的口味。因此，作为一名主播，一定要提前做好接受负面评论的心理准备。

3.3.3　多与粉丝互动

粉丝的打赏是主播的主要收入来源（还有一小部分是平台给的底薪）。因此，粉丝打赏得越多，收入自然也就越高。因此，与粉丝做好沟通互动，是主播的基本要求。

1. 从共同话题入手

当观众第一次见到主播时，可能会因为不了解有很多问题，但是时间一久，问题问完了就觉得没什么话题可以聊了。那么主播应如何寻找可以引起粉丝集体共鸣的话题呢？

（1）从一些小细节入手。作为电商主播，肯定很了解商品，而观众观看直播一般是来购物的，那么他们的兴趣就有可能是一致的。在介绍完商品之后，主播可以与粉丝谈谈关于商品的意见，如衣服的搭配、首饰的搭配等。这些都可以让主播和观众产生共同话题，进而拉近距离。

（2）对粉丝感兴趣的东西也感兴趣。这是和粉丝拉近距离、打好关系最便利的一种方法。主播要了解粉丝感兴趣的物品，在与粉丝沟通时才可以对粉丝喜爱的物品表达出真情实感。

（3）可以利用自己的悲伤经历和粉丝展开话题。因为女性是很容易感性思考的，对于悲伤的事，女性会不自主地产生怜悯和同情之心。主播可以向粉丝们倾诉一些生活中不顺心的事，调动她们的情绪，让她们产生共鸣。

2. 高能段子手与粉丝调侃

作为一名主播，性格开朗是必要的，许多有人气的主播经常在直播中穿插几个段子或者笑话来活跃气氛，那么主播应该利用哪种段子来提高自己的人气呢？

（1）多看多读，摸清喜好。好的段子手不是一蹴而就的，是需要经过多看多读的积累才能成长的。如果想成为一个专业的段子手主播，就必须养成每日看、学的习惯。想要摸清粉丝的喜好，最重要的还是要多和粉丝沟通。除了日常直播间，还可以在QQ群里讨论，或在自己社交平台里看粉丝的评价，以及他们的朋友圈日常动态，这样就能快速了解粉丝的最新情况。根据粉丝的喜好来聊天说段子，那么必将事半功倍。

（2）加强互动，积累人气。讲段子可以加强主播与粉丝之间的互动，有助于主播积累人气。还有一些主播会通过自黑的形式与观众进行互动，这种做法的风险比较大，一般新主播最好不要模仿，以免适得其反。

（3）深知套路，抓住机会。段子套路，有挖苦类、蹭热点类、争议类等。这都是一些常用的套路，一般主播都比较适合。段子的收集可以将一些热门视频、热门段子进行修改，从而变成自己的段子。针对大家讨论的热点话题发表有深度的、有争议性的观点，也是不错的方法。若能根据自己直播间的气氛适时进行段子调节，肯定能让人眼前一亮。此外，主播还可以关注一些明星段子手的微博或节目，他们的生活日常都有可能成为段子的一部分，根据实际情况进行总结，然后结合自己的直播模式，创造几个段子是很容易的。

3. 做游戏拉近心理距离

主播与粉丝互动除了聊天、讲段子或讲笑话以外，还有一种有效的方法，就是和粉丝做游戏。许多知名主播采用与粉丝做游戏的方式来进一步增加人气和增加粉丝的黏性。而新人主播也可以通过和粉丝做游戏来拉近与粉丝的距离，增加人气，吸引更多的观众。因为受交流方式的影响（现在大多数的主播都是通过弹幕与粉丝交流），并不是所有的游戏都适合直播互动。那么有哪些小游戏适合呢？

（1）你画我猜。这是比较简单的游戏，不需要提前练习，只要主播想象力足够丰富，有绘画表达能力就可以。画完之后让观众来猜，猜中的话有奖励，如果猜不中，可以让粉丝送点小礼物。

（2）脑筋急转弯。这也很容易，主播需要事先在网上寻找一些有趣的、符合自己直播主题的脑筋急转弯让大家去猜。脑筋急转弯游戏速度比较快，因此可以使用多局模式，如观众连续猜对五题就能让主播表演，如果猜错太多，则让粉丝送一些小礼物。

借助游戏的特性，主播不仅能够很快与粉丝迅速拉近距离，还能增加粉丝的黏性。许多新入行的主播要想快速积累人气，增加粉丝数，最好的方法就是与粉丝做游戏。这种方法能够行之有效，是因为直播有实时性。因此，与粉丝之间的互动，小游戏是必不可少的。

4. 礼品互动

（1）给幸运粉丝送特色小礼物。一般情况下，粉丝为了表达对主播的喜爱之情会送一些礼物给主播，为什么主播会送礼物给粉丝呢？主播送给粉丝礼物是为了活跃现场气氛。比如，某主播在开播之前就发布一条公告："今天在下直播时会从在场的各位观众中抽取 20 位幸运观众，并会给这 20 位观众赠送主播精心准备的小礼物一份。"这样一来，观众的积极性就被调动起来了。说完了如何送礼，那么在礼品的选择上主播们应该如何抉择呢？哪些礼品能让粉丝们感受到主播的诚意呢？

一般来说，只要是真心喜欢主播的粉丝，无论是什么样的小礼物他们都会很开心地收下。因此，如果是真心感谢粉丝的支持，可以选择一些带有自己形象的小礼物来送给他们，这样的礼物会显得更加用心一些，如带有照片的水晶音乐盒或是照片水杯都是让人感动的小礼物。

（2）以送礼物为中心设置互动环节。如何才能使直播变得丰富有趣的同时不破坏直播间里的气氛呢？有些主播会经常送粉丝一些小礼物来报答粉丝的喜爱，这时候他们就可以根据送礼物来增加一些直播环节，增加人气，带动直播间的气氛。那么主播可以借用哪些互动方式来赠送小礼物呢？

① 可借助小游戏的方式。主播可以将小礼物当成游戏奖品送给观众。

② 采用抽奖的方式来分发小礼物。直播时主播可以将直播时间分成几个小块，如每隔一小时分一块，然后在中间时间段加入抽奖活动。可以利用公屏进行预告，如"再过××分钟我们就会进行一轮抽奖，获奖的小伙伴可以得到主播亲手送出的小礼物一份"。这样既能提前告知直播间里的观众，也能让他们留在直播间，可谓是一箭双雕。

③ 煽情收尾送礼。在直播结束时，主播可以通过煽情收尾送礼活动来使直播间的气氛达到新一轮的高潮。主播可以讲述以前的悲伤经历或者是不顺心的事，然后博取粉丝们的同情，再跟粉丝们说正是有了他们，自己的直播事业才能继续下去并对他们表示感谢，最后要送给粉丝一些小礼物表示感谢。这样的主播，粉丝怎么会不爱？直播时，主播应该灵活地运用礼物来带动直播间的气氛为自己拉人气，才能进一步地拉近与粉丝间的距离。

课堂活动

活动题目	收集直播间互动技巧
活动步骤	对学生进行教学分组，每3~5人为一个小组，以小组为单位进行讨论
	讨论并收集直播间的互动技巧，并将结果填入表3-5中
	每个小组将讨论结果形成PPT，派出一名代表进行演示
	教师给予评价

表 3-5 收集结果

序号	直播间互动技巧
1	
2	
3	

3.4 电商直播的引流策略

3.4.1 网购平台的个性化推荐算法

网购平台中商品不计其数，用户的特点与偏好各不相同，要实现精准营销，必须展示符合他们个性化需求的商品。个性化推荐算法的运用，便对用户做出了具有针对性的排序推荐，实现"千人千面"。

网购平台最常用的经典个性化推荐算法有协同过滤（collaborative filtering）、基于关联规则的推荐（associate rule-based）、基于内容/知识的推荐（content-based/knowledge-based）和混合推荐（hybrid recommendation）。

3.4.2 短视频引流

1. 短视频概述

1）短视频的概念

短视频是一种视频长度以"秒"计数，主要依托于移动智能终端实现快速拍摄和编辑，可以在社交媒体平台实时分享与无缝对接的一种新型视频形式。

2）短视频的特点

继文字、图片和传统视频之后，短视频可以更加直接、立体地满足用户的表达和沟通需求，满足用户相互之间展示与分享的诉求。与传统视频相比，短视频主要具有以下4个特点。

（1）生产流程简单化，制作门槛低。传统视频的生产与传播成本较高，不利于其广泛传播。而短视频大大降低了生产和传播的门槛，用户可以即时拍摄和上传分享。在目前主流的短视频APP中，一键添加滤镜和特效等功能简单易学，使短视频的制作过程变得非常简单，用户只需一部手机就可以完成整个短视频的拍摄、制作和发布流程。

（2）快餐化和碎片化。短视频的时长一般控制在5分钟以内，很多只有15秒，这符合当下快节奏的生活方式，可以让用户充分利用碎片化时间直观便捷地获取信息，有效地降低了获取信息的时间成本。

（3）内容个性化和多元化。短视频的表现形式多种多样，这符合"90后""00后"个性化和多元化的内容需求。短视频APP中自带的多种功能可以让用户充分地表达个人想法和创意，这也让短视频的内容变得更加丰富。

（4）社交属性强。短视频并非传统视频的微缩版，而是社交的延续，是一种信息传递的新方式。用户可以通过短视频APP拍摄生活片段并分享到社交平台，而且短视频APP本身也具有点赞、评论、私信、分享等功能。短视频的信息传播力强，范围广，具有很强的交互性，所以为用户创作和分享短视频提供了有利条件。

3）短视频的类型

目前短视频的内容十分丰富，类型多种多样，可以满足各类用户的娱乐或学习需求。短视频的类型主要分为以下几种。

（1）搞笑类。很多人看短视频的目的是娱乐消遣，缓解压力，舒缓心情，因此搞笑类的内容在短视频中占有很大的比重。搞笑类短视频一般有两种，即情景剧和脱口秀。

① 情景剧：往往有一定的故事情节，内容贴近生活，通常由两人以上出演，注重情节反转。

② 脱口秀：主要是"吐槽"实时热点话题，注重形成个人风格，打造专属频道。"吐

槽"指的是在他人话语或某个事件中找到一个切入点进行调侃。由于"吐槽"往往能够为观众带来极大的乐趣,所以许多短视频创作者采用这种内容方式。脱口秀类短视频如图 3-10 所示。

（2）访谈类。访谈类短视频一般是街访视频。街访视频要以一个话题开头,让路人就相关话题进行回答,亮点在于路人的反应,其中很多"梗"(即笑点)是可以重复使用的。由于话题性很强,这类短视频的流量往往会很大。访谈类短视频如图 3-11 所示。

图 3-10　脱口秀类短视频　　　　图 3-11　访谈类短视频

（3）电影解说类。这类短视频是从哔哩哔哩平台开始火起来的。创作这类短视频,要求创作者的声音具有辨识度,且善于挖掘电影素材,电影素材一般选自热门电影或经典电影。创作者解说影片内容和对电影进行盘点。电影解说类短视频如图 3-12 所示。

（4）时尚美妆类。这类短视频主要面向追求和向往美丽、时尚、潮流的女性群体,许多女性选择观看短视频是为了能够从中学习一些化妆技巧来帮助自己变美,以跟上时代的潮流。现在各大短视频平台上涌现出大量的时尚美妆"博主",她们通过发布自己的化妆短视频,逐渐积累自己固定的粉丝群体,吸引美妆品牌商与其进行合作,已经成为时尚美妆行业营销的重要推广方式之一。时尚美妆类短视频如图 3-13 所示。

（5）文艺清新类。这类短视频主要针对文艺青年,内容大多涉及生活、文化、习俗、传统、风景等,风格类似于纪录片、微电影,画面文艺、优美、色调清新、淡雅。不过,这类短视频的选题非常难,受众范围较小,所以相对其他类型的短视频来说播放量较低,但也有非常成功的自媒体,如一条、二更等。这类短视频虽然播放量较低,但粉丝黏性很高,变现能力强。文艺清新类短视频如图 3-14 所示。

图 3-12　电影解说类短视频

图 3-13　时尚美妆类短视频

图 3-14　文艺清新类短视频

（6）才艺展示类。这类短视频中的内容包括唱歌、跳舞、演奏乐器、健身、厨艺展示等。这类短视频在抖音平台十分常见，而且经常占据热播榜单，这是因为抖音对这类短视频给予了大量的流量扶持。

（7）实用技能类。这类短视频又可以细分为多种类型，包括PPT类短视频、讲解类短视频、动作演示类短视频和动画类短视频等。

① PPT类短视频又称清单式短视频，其制作起来非常简单，只需一些图片、文字，再配上音乐即可，短则几分钟就可以被制作出来，如"最烧脑的十部电影""在失恋时必听的十首歌"等。

② 讲解类短视频主要是传播"干货"知识，制作起来也非常简单，创作者只需把手机架好，然后对着镜头讲解即可。在后期编辑时可以添加一些字幕，以便于用户理解。

③ 动作演示类短视频通常以生活小窍门为切入点，如"可乐的5种脑洞用法""勺子的8种逆天用法"等。这类短视频的剪辑风格清晰，节奏较快，一般情况下一个技能在1～2分钟内就可以讲清楚。

④ 动画类短视频的风格幽默风趣，不管是学习"干货"知识的人，还是纯粹想娱乐休闲的人，都会对这类短视频产生深刻的印象，手工教学、减肥教学等短视频都可以采用这种形式。

（8）正能量类。正能量类短视频的形式多样，有脱口秀、情景短剧、生活中的抓拍等。不管什么时候，正能量都会受到人们的欢迎，所以发布正能量的短视频容易激发用户的共鸣，而短视频平台也会用流量扶持的方式来引导创作者发布与正能量有关的内容。正能量类短视频如图3-15所示。

图3-15 正能量类短视频

4）短视频的产业链条

随着用户规模的不断攀升，目前短视频行业已经形成了庞大的产业链。短视频的产业链条主要分为内容生产端、内容分发端和用户端，其中内容生产端和内容分发端是核心。

（1）内容生产端。内容生产端有多种内容生产方式，如用户原创内容（user generated content，UGC）、专业生产内容（professional generated content，PGC）和专业用户生产内容（professional user generated content，PUGC）。

① UGC：主要是普通用户自主创作并上传的内容，特点是成本低，制作简单，具有很强的社交属性，但商业价值低。UGC可以提升用户活跃度和黏性，但普通用户创作的内容大多以搞笑娱乐或日常生活为主题，类型比较单一，且内容质量无法得到保证。

② PGC：PGC生产者具备专业的知识和资质，主要包括垂直领域的专家、传统媒体从业者、自媒体团队和专业的娱乐影视团队等，他们的专业水平保证了短视频的质量，同时也丰富了各垂直领域的短视频内容，所以吸引了越来越多的流量。

③ PUGC：这里所说的专业用户是指拥有粉丝基础的"网红"，或者拥有某一领域专业知识的关键意见领袖（key opinion leader，KOL）这类短视频内容生产方式的特点是成本较低，但由于用户有人气基础，所以商业价值高。

（2）内容分发端。内容分发端主要包括内嵌短视频的综合平台、垂直短视频平台和传统视频平台，这些平台的代表应用和特征如表3-6所示。

表3-6 内容分发端各类型平台的代表应用与特征

平台类型	代表应用	特征
内嵌短视频的综合平台	微信、微博、百度和今日头条	主要是社交平台或资讯平台，自身用户体量巨大
垂直短视频平台	抖音、快手、美拍、西瓜视频	内容丰富多样，侧重算法推荐
传统视频平台	爱奇艺、腾讯视频和优酷视频	已有大量的视频用户，起点高

综合来看，短视频行业的产业链特征如下。

① 短视频行业主体呈"金字塔"形态。UGC十分丰富，但由于大多用户以自娱自乐的心态创作，内容质量难以保障，商业价值低，所以处于"金字塔"最底端；而PGC和PUGC大多比较精良，商业价值高，所以处于"金字塔"中端；而处于"金字塔"最顶端的是MCN机构，它们聚合了绝大多数头部优质创作者，利用专业化团队帮助创作者宣传和变现，同时孵化新的头部创作者，吸引了众多平台争相与其合作。

② MCN商业模式的崛起，帮助各创作主体实现高效沟通。由于短视频平台存在海量内容，内容生产者不计其数，所以需要专业且统一的管理与运营，以对视频内容进行梳理和分类。

MCN机构的作用主要体现在以下几个方面。

其一，对内容制作者来说，MCN机构可以整合资源，通过分析后台的大量数据，及早洞察到用户的需求，从而对内容制作者进行指导。

其二，对短视频平台来说，MCN机构可以将PGC及PUGC进行统一整合，探索新的内容生产方式，于是短视频平台就有了抛弃流量分红的传统盈利模式的可能性，实现广告主与平台的直接对接，从而实现盈利的最大化。

其三，对广告商来说，MCN 机构可以通过用户细分实现用户的标签化，进而做出用户画像，帮助广告商找到广告目标用户，并根据大数据的人群扩散算法实现广告的精准投放。

其四，对广告主来说，MCN 机构可以帮助其探索新的广告植入方式，实现广告投放方式的升级。

③ 短视频平台发展细分化和专业化。综合布局短视频平台的目的是利用短视频的特性，增强平台自身的用户黏性，促进平台自身跟进短视频的发展趋势。

传统媒体因为具有雄厚的资金及专业的创作团队，基于自身发展模式的创新考虑，希望通过短视频内容增加平台的黏性，迎合实力较小的广告主的需求，实现视频广告的多元化营销。

传统视频平台的内容多为长视频，无法满足现今用户碎片化观看的需求，所以通过布局短视频来弥补长视频在这方面的不足，并迎合各类用户的兴趣点，实现个性化阅读。

垂直短视频平台致力于专业化探索，其生产模式渐成体系化，首先是以 UGC 为核心，PUGC 和 PGC 作为重要补充的平台，吸引了更多的内容创作者和观看者，这类模式以快手最为典型；另外，是以 PUGC 和 PGC 作为主要内容核心，UGC 作为补充的平台，通过高质量的内容分发来保证平台流量，如抖音。这两种内容生产模式促进了视频内容的细分化，目前已经形成娱乐、音乐、社会、科技、财经、游戏、母婴、美食、动漫、美妆等内容细分体系。

5）短视频与长视频的区别

短视频是相对于长视频来说的，两者既有相同点，又有不同点，各有所长。短视频与长视频的区别主要体现在以下几个方面。

（1）内容生产。与长视频相比，短视频的生产成本、生产人群、生产工具、产出的丰富性都要远远优于长视频。

长视频动辄拍摄数月，需要很高的预算，对拍摄进度和拍摄工也有严格的要求，因此生产成本较大，产出的数量不大，而且风险很高。但是，短视频的时长通常在 5 分钟以内，拍摄条件灵活，拍摄与制作工具多种多样，利用短视频 APP 就可以轻松完成，这样的低门槛使越来越多的人加入短视频的创作队伍中，虽然其中有很多质量较差的作品，但优质作品的数量仍然多于长视频。

（2）内容消费。在移动互联网普及之前，消费视频最多的载体是电视机和计算机，消费的场景很窄，用户只能端坐在电视机或计算机前观看视频，不适合碎片化观看。如今，用户观看短视频的场景变得十分丰富，不管是田间地头，还是地铁站，用户都可以通过手机观看到丰富多彩的视频内容，而且随着网络资费的降低和免流量卡的出现，用户的消费成本大大降低。

另外，用户观看视频的思维方式也在悄然地发生变化。由于算法推荐带来的个性化分发技术，用户可以看到自己最想看的内容，这导致用户变得不再深度思考，而是以更快的速度追求愉悦和刺激，大脑的刺激阈值越来越高。长视频带给用户的沉浸感更好，而短视频一般是直接进入主题，直接把最精彩的视频内容展示给用户，用户没有耐心等待的时间。用户的这种心理和需求导致很多视频平台增加了倍速功能，旨在节省用户的时间。

（3）内容分发。短视频通过关系分发、算法分发的效率会高于长视频的中心化分发的效率。长视频的内容分发属于中心化分发，电影档期、电视节目表，以及视频平台上的编辑决定了用户看到什么，很容易形成"千人一面"的现象，内容的分发效率较低。而运用关系分发和算法分发的短视频，在信息的传播效率上有了很大程度的提升，用户看到自己喜欢的内容后可以分享给好友，使内容迅速传播扩散，而人工智能技术为算法分发提供了条件，每个用户都可以看到自己喜欢的个性化内容，形成了"千人千面"的现象。

（4）内容感染度。在内容感染度方面，短视频与长视频相比要逊色得多，因为长视频重在"营造世界"，而短视频重在"记录当下"。

无论是电影、电视剧，还是纪录片，它们都是在营造一个完整的世界，从人物设定到感情氛围，从环境设定到情节发展，构成一个完整的链条，使用户沉浸在这个世界中。由于沉浸在长视频的氛围和场景中，用户进入高唤醒状态，所以容易产生主动消费。而短视频的感染力相对逊色得多，其"短、平、快"的特点使用户在观看视频时的状态为低唤醒状态，所以用户大多为被动消费。

2. 短视频的引流推广策略

"酒香也怕巷子深"，短视频的内容再好，如果不尽最大努力做好营销推广，短视频的曝光率就无法得到保障。只有覆盖更多的平台，短视频成为爆款的可能性才能变得更高。

1）运用分享功能，多渠道分享视频

要想最大限度地推广短视频，让更多的用户看到，短视频创作者可以利用平台上的分享功能，将短视频分享到尽可能多的平台上，让其面对更多的用户群体。只要短视频的内容有足够的吸引力，自然会越来越多的用户关注和认可，成为爆款短视频的概率就会变得很大。

（1）站内好友。很多短视频平台的分享功能都支持短视频创作者将短视频分享给站内好友，短视频创作者在发布短视频时可以将其分享给该平台上的好友，并让好友帮忙扩散传播。

以快手为例，当短视频创作者单击"分享"按钮时，就会出现"分享至"界面，显示快手平台上的好友。短视频创作者可以选择想要分享的好友，然后通过该界面向好友说出推荐语，让好友观看并分享短视频，如图3-16所示。

在把短视频分享给站内好友时，需要注意以下两点。

① 要选择人气较高的好友，因为好友的人气越高，短视频被其分享之后产生的影响力也就越大。因此，短视频创作者在分享短视频之前，先要考察好友的活跃度和人气值，列出一个人气较高的好友名单，再分别向其分享。

② 选择互动较多的好友。这类好友继续分享短视频的概率较高，有利于短视频被更多的用户看到。

（2）微信朋友圈。微信作为目前国内最大的社交平台，拥有非常庞大的用户数量，而微信朋友圈更是人们日常社交的主要阵地，因此微信朋友圈也可以作为短视频分享的主要渠道。

以快手为例，要想将快手平台的短视频分享到微信朋友圈，具体操作步骤如下。

单击快手短视频界面中的分享按钮，在"分享到"界面单击"朋友圈"按钮，弹出"继续分享到朋友圈"界面，如图 3-17 所示。

（3）微博。微博作为国内主流的社交媒体平台，目前月活跃用户量已经突破 5 亿，日活跃用户量超过 2 亿，它也可以作为短视频分享的主要渠道。微博具有广场属性，适合做内容的裂变传播。短视频创作者将短视频分享到微博，有利于提高短视频的曝光率，吸引更多的用户观看。

图 3-16　快手"分享至"界面

图 3-17　分享快手视频

2）借助 KOL 为短视频做宣传

KOL 是营销学上的一个概念，即关键意见领袖，指的是拥有更多、更准确的产品信息，且为相关群体所接受或信任，并对该群体的购买行为有较大影响力的人。在做短视频宣传时，要找的 KOL 是那些可以发挥社交媒体在覆盖面和影响力方面的独特优势，具有较强的用户黏性和号召力的账号。

KOL 自带"光环效应"，用户通常认为他们的推荐更权威、更专业，因此也就更愿意为其发表的内容进行点赞和转发。

在借助 KOL 宣传短视频时，一定要认清以下两个误区。

误区一：KOL 就是名人。其实 KOL 并非一定是名人，也可以是某一垂直领域的博主或身边各个行业有话语权的人，如企业家、记者、自媒体达人等。

误区二：找名人做宣传的效果一定好。很多人以为名人粉丝多，找名人做宣传一定可以获得很好的效果，其实不然。要想借助名人效应使短视频获得更大的曝光度，必须确定合适的宣传方案，找到合适的时机，让名人资源达到"四两拨千斤"的效果。

借助 KOL 宣传短视频的方法如下。

（1）找名人付费投放。名人的粉丝众多，他们的一举一动都会引来粉丝们的围观，因此借助其宣传短视频是一个不错的方法。但需要注意的是，所找的名人要与自己的短视频主题或内容在气质上具有相似性。另外，一定不要与有污点的名人合作，因为他们的形象早已因为某些负面新闻而崩塌，与之合作的风险会大大增加。借助名人做短视频宣传的方法如下。

① 根据短视频的主题和内容找到目标用户群体，也就是说，短视频创作者要先弄明白自己的短视频侧重于哪个领域，最容易吸引哪些用户观看。例如，若创作的短视频属于美妆垂直领域，那么目标用户群体以"90 后"和"00 后"的女性为主。

② 根据目标用户群体的特点和喜好寻找最契合的 KOL，只有找到与短视频各个方面都契合的名人，才能有效地借助其"光环效应"达到最好的宣传效果。

③ 在宣传短视频时，文案的撰写要避免老生常谈，以免让用户产生审美疲劳。短视频创作者要撰写有创意的推广文案，让用户眼前一亮，与名人的"光环效应"相互促进。

（2）寻找行业权威或达人。如果短视频创作者自身资金实力有限，无法付费找名人宣传短视频，也可以寻找行业权威人士或达人来帮助做推广，如企业家、自媒体达人、行业达人、资深记者、大型微信群或 QQ 群的群主等。他们虽然不像名人那样拥有巨大的流量和众多的粉丝量，但在其自身所在的"圈子"里也很有影响力。短视频创作者在生活和工作中要不断发现和积累 KOL 资源，有计划地接触他们。例如，每天抽时间和他们互动，与其保持良好的关系。

如果有很多 KOL 资源，不妨将其分为 A、B、C 三个等级，有针对性地加以利用。

① A 等级的 KOL 资源：短视频创作者所在地区的知名和资深专业达人，短视频创作者可以借助他们在各个行业内相对权威的形象吸引更多的用户关注，提升短视频的影响力。

② B 等级的 KOL 资源：短视频创作者认识的自媒体达人或记者。自媒体达人的粉丝量一般也较多，短视频创作者可以在他们的社交账号上投放短视频宣传文案，吸引自媒体达人的粉丝关注自己的账号，从而增加短视频的点击率。

③ C 等级的 KOL 资源：短视频创作者认识的微信群或 QQ 群群主、百度贴吧吧主等，短视频创作者可以利用这些人的群资源和论坛资源进行短视频的宣传。

3）参与平台活动提升知名度

在推广短视频时，短视频创作者不仅要充分利用身边的各种渠道和 KOL 资源，还要依托短视频平台，积极参与平台发起的各种活动。短视频平台本身就是一个巨大的流量池，当短视频创作者积极参与各种活动，并在其中展示出自己的短视频时，短视频内容和账号自然会被越来越多的用户知道并关注。要想参与平台活动，首先要能发现平台活动。那么，短视频创作者如何才能发现平台的活动信息呢？

以抖音为例，可以通过关注抖音小助手查看抖音短视频平台官方组织的各种活动信息发现平台活动信息以后，怎样做才能让短视频在平台活动中脱颖而出呢？

（1）研究活动要求。短视频要想在活动中崭露头角，提升人气，首要的条件是研究活动要求和各项标准，让自己的短视频内容符合活动规则，这样才能得到平台的认可，从而增大被平台推荐的概率。研究活动要求时，可以重点考虑以下两个方面。

① 明确平台活动的目的。在参与活动之前，短视频创作者要仔细思考平台举办活动的目的，以便于更加精确地把握短视频的选题方向，突出短视频的主题，增加短视频被平台关注乃至脱颖而出的概率。

② 了解平台活动的规则。短视频创作者在拍摄短视频之前，要摸清活动的具体规则，并逐一列举出来仔细研究，从中找到参与活动的准确角度，再确定短视频的内容。如果对短视频创作者平台活动的规则只是一知半解，仓促上阵，往往会南辕北辙，浪费精力。

（2）做出亮点。在平台上参与活动的短视频创作者不计其数，竞争非常激烈，因此有亮点和区别度的短视频内容才能最大限度地被平台重点推荐，脱颖而出，吸引用户的目光。短视频创作者要想让创作的短视频内容有亮点，可以采用以下两种方法。

① 让内容有个性。要想让短视频内容有个性，短视频创作者可以为短视频中的人物打造鲜明的个性特征，如坚忍、幽默、优雅等，这在一定程度上可以为短视频打上个性标签，使其变得更有特色。也可以选择一个不同的切入角度，找到一个新奇的切入点，用户在看腻了其他短视频的模板化套路，对其产生审美疲劳之后，看到不一样的短视频时会觉得眼前一亮，产生深刻的印象。

② 从不同的角度解读活动规则。短视频创作者可以"反其道而行之"，从其他角度来解读活动规则，避开大众话题和视角，使短视频在主题和内容上都与其他短视频有区别。例如，抖音短视频平台曾发起国庆节"一起去看人山人海"活动，大部分短视频创作者都站在游客的角度拍摄短视频，展现拥挤和火爆的游玩场景，而有的短视频创作者却站在异乡打工者的视角，展现"十"返乡大潮，把短视频内容做出了深度和区别度。

3.4.3 热门引流

抖音、快手、微博等平台都有热门板块，是不可多得的一种引流手段，下面我们就以抖音为例，介绍热门引流的方法。

1. 打造个人IP

打造个人IP，做垂直原创视频，靠优质内容获得高曝光、让用户喜欢并关注是最好的抖音引流方式。抖音吸粉引流的前提创作者需要明确自己粉丝的用户画像，然后根据他们的标签、画像来进行内容定位。譬如你做的是美妆类产品，可以通过发美妆技巧、美妆产品的使用方法等去吸引有相关需求的潜在客户。粉丝增加了，后期就可以轻松实现销售变现，攫取海量商业财富。

2. 评论引流

抖音引流的第二种方法就是评论引流。抖音的推荐机制和今日头条类似。等一条抖音视频上传审核通过后，系统会先将视频进行兴趣分类，将视频推送给经常阅读这类视频的部分用户，而后会根据对该部分人群浏览后的完整播放率、点赞量、评论数、转发量进行数据分析，再根据视频数据质量决定是否继续推荐给更多人群。

评论引流属于免费流量，想要利用评论互动做好抖音引流，那么保持高互动性就是评论引流的关键！这里的互动性不仅指视频内容引发读者共鸣，还包括激发读者阅读后开心、悲伤、愤怒、认同、归属等的心理，使读者看完后能愿意点赞、评论或转发。只有视频内容有互动性，才能引发更多用户的关注。

3. 线下引流

除了线上互动引流，抖音还可以进行线下引流。在线下引流方面，涌现出了很多餐饮业的优秀案例。抖音短视频的火爆，让海底捞、答案茶、CoCo奶茶、土耳其冰淇淋等线下店生意火爆、大排长龙。

那么，抖音怎么进行线下引流呢？这里给大家介绍一下抖音的垂直行业POI认领。抖音企业蓝V可以认领POI地址，认领成功后在POI地址页可以展示对应企业蓝V号以及店铺的基本信息，并且支持电话预约，从而为企业提供更多信息曝光和流量变现转化的机会。

4. "DOU+"助力抖音引流

第四种方法是"DOU+"助力。这种属于付费流量，适合不想花太多时间在视频拍摄制作上的抖友们，也适合需要锦上添花获取更多曝光助力的优质视频。

如果你的视频不被系统推荐给更多人，那么就可以用"DOU+"功能助力增加推荐量。"DOU+"是100元起助力，通常100元可以获得5000个推荐播放量。用"DOU+"助力前，可以设置兴趣人群，推荐给相关的目标人群观看。

通过"DOU+"助力流量，不仅可以给自己的视频助力，还可以给别人的视频助力。"DOU+"的功能，不能单纯看成是通过付费助力获取推荐量，它对品牌传播也具有很大的影响力。要想实现更大的引流效果，也需要评论互动等的配合支持，否则买到的仅仅是视频的播放量，增粉引流效果很可能就会大打折扣。

5. 投放信息流广告

抖音引流的第五种方法还包括投放抖音信息流广告。这种和"DOU+"一样都属于付费流量，就是在视频流中以原生态的方式植入自己广告。这种方式具有非强制性、不打扰用户、用户乐于接受的特点。信息流是近两年兴起的、并深受欢迎的一种互联网广告形式。信息流广告可以针对人群、兴趣、地域等多个维度进行标签设置，从而把品牌、产品呈现给精准人群。

> 课堂活动

活动题目	收集直播间引流方式
活动步骤	对学生进行教学分组,每3~5人为一个小组,以小组为单位进行讨论
	讨论并收集直播间引流的方式,并将结果填入表3-7中
	每个小组将讨论结果形成PPT,派出一名代表进行演示
	教师给予评价

表3-7 收集结果

序号	直播间引流方式
1	
2	
3	

▶▶ 本章考核检测评价

1. 直播间语言技巧的种类有哪些?
2. 直播间商品精细化配置与管理的步骤有哪些?
3. 直播营销语言技巧设计要点有哪些?
4. 短视频引流的策略有哪些?

第 4 章
直播数据分析与复盘

本章目标

- ☑ 了解第三方数据分析工具。
- ☑ 掌握直播间数据分析的基本思路。
- ☑ 掌握直播间数据分析的常用指标。

学习重点、难点

学习重点：
- ☑ 直播间数据分析的基本思路。
- ☑ 直播间数据分析的常用指标。

学习难点：
- ☑ 直播数据复盘。
- ☑ 直播数据分析工具的应用。

 本章引言

在线直播市场正不断扩展，且覆盖娱乐、电商、教育等各个领域，对年轻人群和消费市场都具有影响，不断改变年轻人的购物方式。对于直播电商来说，抓住了年轻人的口袋是企业生存的必由之路，有了精准的数据分析加持，企业直播会更有针对性和方向感。

4.1 直播间数据分析的基本思路与常用指标

4.4.1 直播间数据分析的基本思路

数据分析是直播运营中不可或缺的一部分，要想优化直播运营效果、提高直播带货的转化率，主播就要学会深耕数据。直播间数据分析的基本思路如图4-1所示。

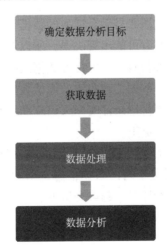

图4-1 直播间数据分析的基本思路

1. 确定数据分析目标

进行数据分析，首先要明确数据分析的目标。通常来说，数据分析的目标主要有以下3种，如表4-1所示。

表 4-1　数据分析的目标

序号	数据分析的目标
1	寻找直播间数据波动的原因，数据上升或下降都属于数据波动
2	通过数据分析寻找优化直播内容、提升直播效果的方案
3	通过数据规律推测平台算法，然后从算法出发对直播进行优化

2. 获取数据

开展数据分析首先要有足够多的有效数据。主播可以通过账号后台、平台提供的数据分析工具，以及第三方数据分析工具来获取数据。

3. 数据处理

数据处理是指将收集来的数据进行排查、修正和加工，便于后续分析。通常来说，数据处理包括两个环节，如图 4-2 所示。

图 4-2　数据处理的环节

（1）数据修正。无论是从主播账号后台抓取的数据、第三方数据分析工具上下载的数据，还是人工统计的数据，都有可能出现失误，所以首先需要对收集来的数据进行排查，发现异常数据，然后对其进行修正，以保证数据的准确性和有效性，从而保证数据分析结果的科学性和可参考性。例如，在收集的原始数据中，某一天某款商品的"直播销量"为"0"，而通查看店铺销售记录证实当天该款商品在播中是有销量的，所以"0"就是一个错误值，需要对其进行更正。

（2）数据计算。通过数据修正，确保了数据的准确性。主播可以根据数据分析的目标对数据进行计算，以获得更丰富的数据信息，激发更多的改进思路。数据计算包括数据求和、平均数计算、比例计算、趋势分析等。为了提高工作效率，主播可以使用 Excel 的相关功能对数据进行计算。

4. 数据分析

在完成数据的获取与处理工作后，接下来就要对数据进行分析，目前最常用的分析方法是对比分析法和特殊事件分析法。

（1）对比分析法。对比分析法又称比较分析法，指将两个或两个以上的数据进行对比，并分析数据之间的差异，从而揭示其背后隐藏的规律。在对比分析中，又包括同比、环比和定基比分析，如表 4-2 所示。

表 4-2　对比分析法

名　称	内　　容
同比	一般情况下是指今年第n月与去年第n月销售数据之比
环比	指报告期水平与其前一期水平之比
定基比	指报告期水平与某一固定时期水平之比

通过对比分析，主播可以找出异常数据。异常数据并非指表现差的数据，而是指偏离平均值较大的数据。例如，某主播每场直播的新增用户数大致在 50 ～ 100 个，但某一场直播的新增用户数达到 200 个，新增用户数与之前相比偏差较大，因此属于异常数据，主播需要对此数据进行仔细分析，查找造成异常数据的原因。

（2）特殊事件分析法。很多直播数据出现异常可能与某个特殊事件有关，如淘宝直播首页或频道改版、主播变更直播标签、主播变更开播时间段等，因此主播在记录日常数据的同时，也要注意记录这些特殊事件，以利于在直播数据出现异常时，找到数据变化与特殊事件之间的关系。

4.1.2 直播间数据分析的常用指标

1. 粉丝画像数据指标

粉丝画像数据指标包括粉丝的性别分布、年龄分布、地域分布等。图 4-3 所示为抖音某主播的粉丝性别分布与年龄分布分析，图 4-4 所示为某主播的粉丝地域分布分析。

性别分布
男性：20.33%
女性：79.67%
年龄分布
36～40岁
(8.11%)
18～24岁
(31.39%)
31～35岁
(29.86%)
25～30岁
(30.64%)

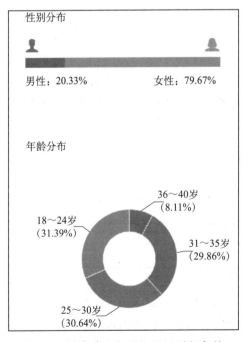

图 4-3　抖音某主播的粉丝性别与年龄分布分析

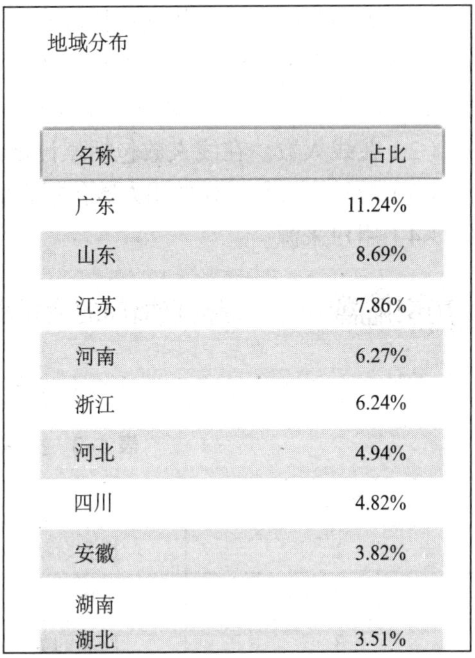

地域分布
名称
占比
广东 11.24%
山东 8.69%
江苏 7.86%
河南 6.27%
浙江 6.24%
河北 4.94%
四川 4.82%
安徽 3.82%
湖南
湖北 3.51%

图 4-4　某主播的粉丝地域分布分析

通过性别分布比例可以看出，该主播的直播间粉丝中，女性占多数；在年龄分布上，18～24岁、25～30岁和31～35岁的粉丝占比较高，他们的消费能力也普遍较高；在粉丝地域分布上，广东、山东和江苏的粉丝比较多。

流量数据指标

2. 流量数据指标

流量数据指标主要包括4项，如图4-5所示。

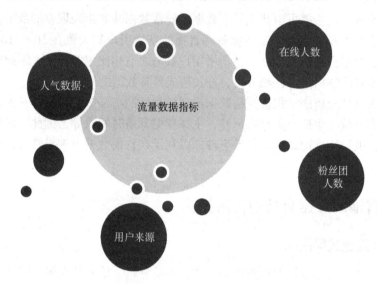

图4-5 流量数据指标

（1）人气数据。人气数据包括累计观看人数、人气峰值、平均在线人数、本场音浪、累计点赞、"涨粉"人数、"转粉率"和送礼人数。其中，"转粉率"可以根据公式（直播过程"涨粉"数 ÷ 累计观看人数）得出。

（2）在线人数。在线人数包括累计观看人数、人气峰值及其出现时间。

（3）粉丝团人数。粉丝团人数包括本场新增粉丝数、粉丝团增量峰值及其出现时间。

（4）用户来源。

知识拓展 → 提高直播间的流量小技巧

主播可以巧妙地运用优化技巧来提高直播间的流量，如表4-3所示。

表4-3 提高直播间流量小技巧

序号	内　　容
1	提升玩法，多上一些"引流"款商品
2	主播在推荐商品时，要提升自己的引导力、感染力和亲和力
3	商品的类目、性价比、价格要与目标用户相匹配
4	改善直播间的布景，提升用户的观看体验

3. 互动数据指标

互动数据指标主要是弹幕热词。弹幕热词又称弹幕词云，如图 4-6 所示。词云是指通过形成关键词云层或关键词渲染，对网络中出现频率较高的关键词进行视觉上的突出，它过滤掉了大量文本信息，使浏览者可以一眼看到文本主旨。

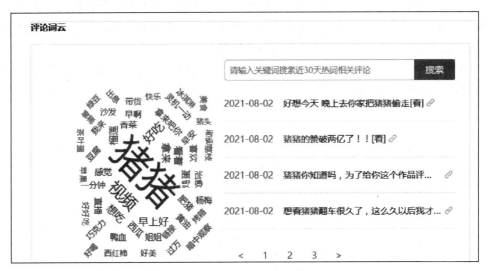

图 4-6　抖音某主播的弹幕词云

在直播带货过程中，用户评论中出现次数多的关键词会突出显示，反映在弹幕热词中，主播可以直观地看到用户互动频率最高的内容，并据此做出相应的调整。

4. 转化指数指标

转化指数指标主要有 3 个，如图 4-7 所示。

图 4-7　转化指数指标

（1）浏览互动数据。浏览互动数据包括商品展示次数和商品单击次数。

① 商品展示次数是指商品展示给用户的次数，直播间的弹窗、用户单击进入购物袋或购物车浏览商品都算作商品展示。

② 商品单击次数是指用户实际单击商品的次数。也就是说，用户要进入商品详情页查看。例如，某款商品的展示次数为3000，但单击次数为5，就说明用户只浏览到商品链接，并未进入商品详情页查看，由此推测，直播间内主播的引导力和商品吸引力是不足的，更深层次的原因可能是主播账号的用户定位与直播商品不契合。

（2）引导转化数据。引导转化数据包括商品详情页访问次数和我橱窗访问次数。假如商品详情页访问次数为10，订单量为3，就说明购买转率为30%，是一个比较高的转化率，可见商品对单击进来的用户有很强的吸引力。

（3）直播带货数据。直播带货数据包括本场销售额、销量、客单、上架商品和用户人均价值，如图4-8所示。

图4-8 某主播的直播带货数据

知识拓展　提高商品转化数据的小技巧

要想增加直播间的商品单击数，提高商品转化数据，主播可以按照表4-4所示的方法来做。

表4-4 提高商品转化数据的小技巧

序号	内容
1	丰富产品SKU，给用户更多选择的余地
2	主播在引导时要多强调商品的优势，如价格、促销活动等
3	从浏览商品详情页到下单的过程是由用户自己做出决策的，所以主播要尽量缩短下单链条

课堂活动

活动题目	收集直播间数据分析的思路与常用指标
活动步骤	对学生进行教学分组，每3~5人为一个小组，以小组为单位进行讨论
	讨论并收集直播间数据分析的思路，并将结果填入表4-5中
	讨论并收集直播数据的常用指标，并将结果填入表4-6中
	每个小组将讨论结果形成PPT，派出一名代表进行演示
	教师给予评价

第4章 直播数据分析与复盘

表4-5 收集结果（一）

序号	直播间数据分析的思路
1	
2	
3	

表4-6 收集结果（二）

序号	直播数据分析的常用指标
1	
2	
3	

4.2 直播数据分析工具的应用

4.2.1 直播平台提供的数据分析工具

1. 直播间后台

下面以淘宝直播和抖音为例，介绍平台自身的后台数据分析。

1）淘宝直播

（1）在计算机端输入淘宝直播的网址：https：//taolive.taobao.com，会看到淘宝直播界面，如图4-9所示。

图4-9 淘宝直播界面

119

（2）单击"立即直播"→"直播中控台"，输入账号、密码，进入淘宝直播中控台，如图4-10和图4-11所示。

图4-10　直播中控台路径

图4-11　淘宝直播中控台

（3）淘宝直播的数据栏包括直播业绩、货品分析、流量券分析和直播榜单4个模块的内容，如图4-12所示。

图4-12　淘宝直播的后台数据模块

第4章 直播数据分析与复盘

在"直播业绩"模块，可以看到"直播间业绩表现"和"我的直播列表"两个板块的内容，如图4-12所示。

在"货品分析"模块，可以看到"货品诊断""商品榜单""需求洞察"和"品类分析"4个板块，如图4-13所示。

图4-13 "货品分析"模块

在"流量券分析"模块，可以看到"我的流量券"和"引流配置"两个板块，如图4-14所示。

图4-14 "流量券分析"模块

在"直播榜单"模块，可以看到"直播热品榜""商家自播榜""达人带货榜"和"直播服务商榜"4个板块，如图4-15所示。

2）抖音直播

（1）搜索网址：https://www.douyin.com/live，进入计算机端的抖音直播界面，如图4-16所示。

图 4-15 "直播榜单"模块

图 4-16 抖音直播界面

（2）单击"创作者服务"选项，进入创作服务平台，单击"登录"按钮，输入账号、密码，即可进入抖音创作服务平台，如图 4-17 所示。

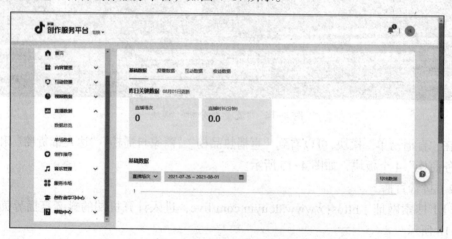

图 4-17 抖音创作服务平台

（3）在抖音创作服务平台的"直播数据"选项中，有"数据总览"和"单场数据"两个模块，其中"数据总览"包括"基础数据""观看数据""互动数据"和"受益数据"4个板块，如图4-17所示。

如果想看单场数据，可以单击"单场数据"进行查看与分析。

2．平台提供的数据分析工具

为了帮助卖家更好地运营店铺，淘宝平台为卖家提供了一些运营工具，如数据银行、生意参谋、达摩盘（图4-18）等，这些工具也能向卖家提供淘宝直播的相关数据。卖家可以使用这些工具了解自己店铺的直播情况。

图4-18 达摩盘

4.2.2 第三方数据分析工具

市场上有很多专门为用户提供直播数据分析的第三方数据分析工具，主播可以利用这些工具收集自己需要的数据。第三数据分析工具有很多，如飞瓜数据和蝉妈妈等。以下以飞瓜数据为例展开描述。

飞瓜数据是一款短视频和直播电商服务平台，可以为快手、抖音、哔哩哔哩等平台上的短视频创作者和主播提供数据分析服务。以快手平台为例，主播可以通关飞瓜数据查看快手直播电商数据，并以此为依据进行数据分析。

在浏览器中输入飞瓜数据的网址：https://www.feigua.cn/?chl=baidu-dy，进入飞瓜数据的主页，如图4-19所示。

单击"快手版"按钮，进入飞瓜数据快手版，如图4-20所示。

单击"免费试用"按钮，即可扫码登录，进入飞瓜数据快手版工作台，如图4-21所示。

从图4-21左侧的工具栏中，我们可以看到飞瓜数据有很多功能，主播在进行数据分析时可以根据自己的目的来选择相应的功能，也可以搜索自己想看的主播的数据，如图4-22所示。

图 4-19　飞瓜数据主页

图 4-20　飞瓜数据快手版

图 4-21　飞瓜数据快手版工作台

第 4 章 直播数据分析与复盘

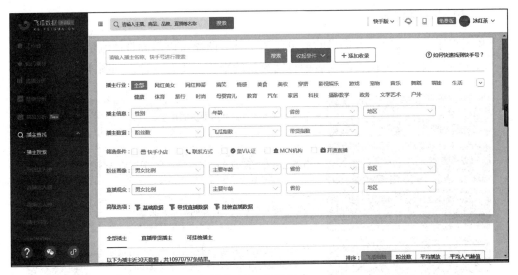

图 4-22　主播搜索

4.2.3　直播数据复盘

直播数据复盘可以让商家对直播电商活动过程中出现的问题进行反思，找到短板与不足，积累经验，避免下次开展直播电商活动时犯同样的错误，并进一步放大自己的优势，使直播效果得到大幅度提升。具体而言，直播数据复盘需要关注 4 个指标，如图 4-23 所示。

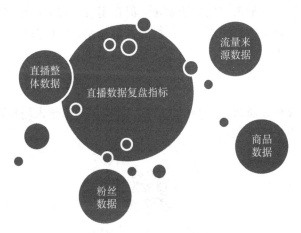

图 4-23　直播数据复盘指标

1. 直播整体数据

直播整体数据包括直播间累计观看人次、累计商品单击量、累计订单量与成交额、累计优惠券使用量等。通过分析该数据，商家可以对直播的整体情况形成具体认识，并对这些数据做出有效调整。例如，针对直播间各时间段的流量变化，商家可以分析出推送商品的最佳时间，从而提高产品的曝光量，增加直播转化率。

125

2. 流量来源数据

利用直播平台或第三方提供的流量监测工具，商家可以掌握直播流量来源数据。以淘宝店铺直播为例，淘宝店铺直播流量的来源主要有 6 种，如图 4-24 所示。

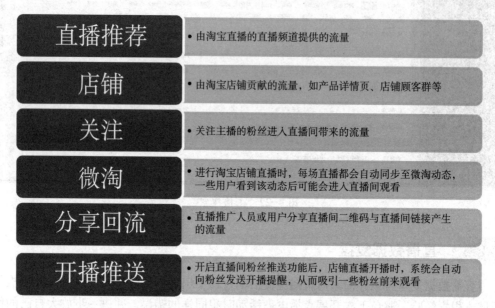

图 4-24　淘宝店铺直播流量的来源

掌握直播间流量来源数据后，商家可以对这些流量来源进行针对性营销，最理想的效果是投入资源后使各流量来源效果最大化。但在实践过程中往往因为人力、资金等各方面因素无法顾及所有渠道，所以，更可行的方案是充分发挥自身的资源优势，做好重点流量来源的运营工作。

3. 粉丝数据

粉丝数据是指观看直播的粉丝的相关数据，具体包括粉丝人均观看时长、观看指数、新增粉丝量等，如图 4-25 所示。

图 4-25　粉丝数据分析的三大指标

（1）粉丝人均观看时长。该数据能够体现粉丝对主播的忠诚度及直播内容对粉丝的吸引力。

（2）观看指数。观看指数通过评估粉丝观看时长来分析直播影响力。观看指数越高，意味着粉丝的忠诚度越高。不过该数据不宜过高或过低，以 70～80 分为佳，太高说明主播缺乏"拉新"能力，很难为直播间带来新血液；太低说明粉丝忠诚度低，主播很难赢得直播间观众的认可与信任。

（3）新增粉丝量。新增粉丝量体现了主播引导观众关注的能力。在直播过程中，主播要积极引导直播间观众的关注，将平台的公域流量转化为私域流量。

4. 商品数据

商品数据包括商品单击数据、商品销量数据等。以商品单击数据为例，商品单击次数越高，说明该商品在直播间内受到的关注度越高，达成更多交易的可能性也越高。部分直播间的商品是为了与主推商品形成对比而设计的，这类商品的单击率低是可以接受的，但如果主推商品的单击率较低，说明商品本身对直播间观众缺乏足够的吸引力。想要解决该问题，就需要商家在产品价格、营销策略包装等方面进行调整。

▶ 课堂活动

活动题目	收集直播数据分析常用工具及直播复盘指标
活动步骤	对学生进行教学分组，每3~5人为一个小组，以小组为单位进行讨论
	讨论并收集直播间数据分析常用的工具，并将结果填入表4-7中
	讨论并收集直播数据复盘的指标，并将结果填入表4-8中
	每个小组将讨论结果形成PPT，派出一名代表进行演示
	教师给予评价

表 4-7 收集结果（一）

序号	直播间数据分析的常用工具
1	
2	
3	

表 4-8 收集结果（二）

序号	直播数据复盘的指标
1	
2	
3	

本章考核检测评价

一、名词解释

1. 数据处理
2. 对比分析法
3. 商品展示次数
4. 商品单击次数

二、简答题

1. 直播间数据分析的基本思路是什么?
2. 直播间数据分析的常用指标有哪些?
3. 直播数据复盘的指标有哪些?

第 5 章
直播电商客户服务与物流

 **本章目标**

- ☑ 了解直播电商客户服务的流程。
- ☑ 掌握直播电商仓储货架的规划。
- ☑ 了解直播电商如何选择快递公司。
- ☑ 了解直播电商客户服务礼仪。

 学习重点、难点

学习重点：
- ☑ 商家客户服务策略。
- ☑ 商家客服销售技巧。

☑ 商家提升物流体验的方式。

学习难点：

☑ 客户投诉处理策略。

☑ 电商仓储管理的规范化。

☑ 降低快递成本的方式。

本章引言

直播电商行业的发展进一步丰富了终端消费者的采购渠道，随着资本入驻及 MCN 机构的不断增加，直播电商行业竞争将更加激烈，这就要求直播电商不断地改进以增加自身的竞争力和行业能力，而客户服务和物流作为直播电商的核心环节，为直播电商发展过程中的重中之重，周到的客户服务及物流会为企业在直播电商的发展道路上达到如虎添翼的效果。

5.1 直播电商客户服务

5.1.1 直播电商客户服务的流程

在直播电商团队中，客服需要与准备购买或已经购买商品的用户进行交流沟通，其业务能力与综合素质对促进单购买和提高用户体验非常重要。客服强大的业务能力与综合素质是在日常工作中逐渐培养的。下面对客服人员一天的基本工作流程进行简单分析，如图 5-1 所示。

1. 熟悉产品

客服人员要对直播电商涉及的产品有足够的了解，能够系统、专业地为客户讲解产品的特性、材质、型号、功能、使用方法、注意事项等，打消客户的疑虑，给客户留下良好的印象。

2. 接待客户

接待客户是客服工作能力的重要体现。接待客户时要注意使用礼貌用语。例如，客户咨询时客服要先问好"您好，我是客服××，很高兴为您服务，请问有什么可以效劳呢"。客户提问时，客服要及时给予答复，遇到需要查询的问题，可以告知客户预计等待的时间，或索要客户的联系方式，找到答案后及时告知客户。

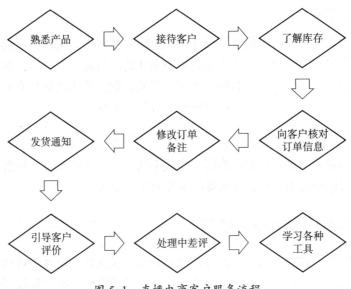

图 5-1 直播电商客户服务流程

3. 了解库存

店铺中显示的库存可能与实际库存有所差异,客服人员必须及时了解这种差异,防止出现客户下单后却无法正常发货的情况。

4. 向客户核对订单信息

大部分情况下,客户下单时提供的订单信息是正确的,但有时客户会因为一时大意提供了错误的地址、联系电话等,导致物流配送环节出现问题。虽然这种错误是客户自己造成的,但也会影响其购物体验。如果客服能在客户下单后及时确认订单信息,就可以大幅度降低这种问题发生的概率。与客户核对订单时,可以告知客户我们使用的快递公司。如果客户对快递公司有意见,或者对物流时效性要求较高,可以与客户协商更换。

5. 修改订单备注

有时因为客户临时改变想法,可能会导致订单信息发生变化,如更改产品型号、送货地址等。为了确保客户诉求能够得到满足,客服人员有必要对这类订单做好备注,用醒目的符号提醒工作人员,并写明变动事由。

6. 发货通知

订单发货后,可以向客户发送信息告知订单已经发货,提醒客户可以随时查看物流进度,并注意收货,这种小细节可以提高客户对店铺的好感度。有的客户下单后未付款,客服可以在适当的时间(如截单时间快到时)提醒客户及时支付。

7. 引导客户评价

交易完成后,客服人员可以通过赠送代金券等方式引导客户分享产品体验,在推动店铺口碑建设的同时,还能促进二次购买。

8. 处理中差评

发现客户给出中差评时客服人员要在第一时间联系客户，询问客户给出中差评的具体原因，大部分情况下，客户是不会给商家中差评的。与客户沟通时，客服要注意语气态度。如果是店铺方面的问题，客服要向客户真诚道歉，并给出补救方案。如果是恶意中差评，客服要注意取证，并将证据提交给平台管理人员。

9. 学习各种工具

互联网会不定期出现一些提高客服工作效率的工具，客服人员在日常工作中可以根据实际需求学习使用这类工具，以便提高工作效率与质量。

5.1.2　商家客服销售语言技巧

消费者在网上购物时，因为只能看到产品的图片或视频，没办法看到实物，所以会向客服询问产品的有关信息。面对这种情况，客服必须借助一些销售技巧促使客户做出购买决定。客服应该掌握的销售技巧如下。

1. 假设法销售

在客户纠结不定但购买意向又比较强烈时，客服可以使用"两者选其一"的销售技巧。例如，客服可向客户说："请问您是想要这款黑色的帽子，还是想要这款红色的帽子？"也可以说："请问您是想发××还是想发××？"从表面看，这种提问方式只是在让客户做选择，但事实上是在帮助客户做决定，促使客户尽快下单购买。

2. 站位法销售

某些情况下，客户虽然已经决定购买产品，还是会不断地向客服询问产品款式、尺码、发货时间等方面的问题，迟迟不肯下单。面对这种情况，客服需要改变一下销售方式，热情真诚地为客户解答问题，不催促客户下单。当客户所有的问题都被解决，自然会主动下单。

3. 巧用"买不到"心理

很多客户都会有一种"买不到"的心理，即"越难买到的东西我就越要买到"。客服要利用好这种心理，例如，在与客户交流时可以说："您好，亲，这款上衣已经是最后一件了，再不购买的话可能就没有了，而且近期店里也不会再补货这款上衣了。"也可以说："您好，亲，这件裤子的优惠活动仅限今晚哦，明天就会恢复原价，再不下单就要失去这次机会了。"

4. 尝试购买法

有时由于对产品质量存在顾虑，客户虽然看中了某款产品，却迟迟无法做出购买决定。面对这种情况，客服可以对客户说："您可以先买点试用一下，如果感觉还不错再来下单。"如果产品质量确实过关，这种销售技巧可以为店铺积累大量客户，增加许多订单。客服可以用这种方法促使很多客户做出购买决定，但前期的订单数量可能会少一些。

5. 晾晒法促使顾客下单

还有一些客户明明非常喜欢一款产品，但就是犹豫不决，不断地衡量利弊得失。对于这种客户，客服可以使用晾晒法，即暂时先不回复，假装正忙着接待其他客户，给客户更多考虑的空间，促使客户最终做出购买决定。

6. 反问式回答促销

客服有时可能会遇到这种情况，即客户询问的产品正好没有了。这时，客服就可以运用一种反问式的销售技巧促使客户下单。例如，客户打算购买某款包包，问道："你们家这款灰色的包包还有吗？"客服不要直接说没有，可以巧妙地反问："非常抱歉，亲，这一款我们现在有黑色、红色和白色的，这几个颜色中您喜欢哪一个呢？"

7. 快刀斩乱麻式

如果上面几种销售方法都已经用过，客户还是没有做出购买决定，客服必须快刀斩乱麻，在确认客户确实有购买意向的前提下，用更直接的语言催促客户下单。例如："您好，亲！如果您对这件宝贝还比较满意的话，就速速购买吧！"

5.1.3 商家客户服务策略

1. 售前客户服务策略

对于客服来说，售前沟通非常重要，下面介绍几种与客户有效沟通的技巧。

（1）打招呼的技巧。当客户询问"在吗"时，客服要在第一时间用热情积极的语气回答："您好，亲，等您很久了，有什么可以为您服务的吗？"因为客户购买产品时经常货比三家，同时询问好几家店铺的客服，所以为了抢占先机，客服必须以最快的速度回复客户，为及时处理，商家可以设置自动回复。

（2）回答的技巧。对于客户询问的产品，如果还有库存，客服要将产品的优点、功效、性能等详细地告知客户；如果没有库存，要讲究回答技巧，不能直白地告诉客户已经没有了，要将客户的注意力吸引到其他产品上。例如，客服可以回复说："非常抱歉亲，现在有其他几个相似的款式，并且都是新款，我发个链接给您，您可以看一下。"

（3）推荐的技巧。客服在为客户做推荐时，要根据客户需求进行精准推荐，同时要表现出自己的专业性，让客户感到自己的用心。例如，客服可以在推荐时说："不好意思，久等了亲，这两款产品简约大气、个性时尚，非常适合年轻人使用，这是产品链接，您看一下。"

（4）议价的技巧。有些电商直播在开始时就将店铺优惠都告知了客户，并告诉客户优惠力度已经非常大了，概不议价。一般情况下，客户听到这些就不会再找客服议价了。如果主播一开始就给了客户可以议价的感觉，面对客户议价，客服可以稍稍让步，让客户做出购买的决定，但给出的价格不能太低。

如果在做出价格让步后，客户仍然不依不饶，就不要再次让价了，可以改变一下销售方式，例如，送客户一个赠品，让客户感觉虽然没能再次让商家降价，但还是占到了便宜。

客服在议价时需要注意，回复速度一定要快，一次回复的字数不用太多，以免客户失去耐心。如果客户认为产品价格过高，客服可以承认产品价格确实高，但必须委婉地表达出一个意思：该产品在功效、质量、价格、包装等各个方面都比同类品好，是其他店铺比不上的，一定让您感觉物有所值。通过这种方式打消客户的疑虑，让客户放心购买。

（5）核实的技巧。客户下单付款后，为了避免出现纰漏，客服要在第一时间将订单上的客户信息发送给客户，让客户确认信息是否正确，让客户感受到客服认真负责的态度。

（6）道别的技巧。无论最后买卖成交与否，客服与客户道别时都要客气、礼貌。买卖成交时，客服可以这样说："非常感谢您对小店的支持，我们会尽快发货，祝您生活愉快，就不多占用您的时间了。"既简洁明了，又礼貌得体。

（7）跟进的技巧。当客户已经下单但迟迟没有付款时，客服可以实时跟进客户的付款情况，最好根据订单中的客户信息主动联系客户。客服可以这样说："您好亲，宝贝已经为您准备好了，付款后可以立即发货。"稍微给客户施加一点压力，可以更快地完成交易。

联系客户时最好不要打电话，以免引起反感，最好通过短信联系客户。注意不要直接问客户还买不买，以免顾客直接回复"哦，我不买了"，从而失去订单。

如果最后没有成交，客服在保持礼貌的同时，还要适度表现出惊讶与谅解的情绪，并说道："欢迎您下次再来。"

2. 售中客户服务策略

售中阶段是交易双方磋商的过程，交易双方对具体商品交易进行磋商，是一个谈判双方就贸易细节相互交流并达成共识的过程。在这个阶段中，企业要尽力地满足客户的各方面需求，可以从以下三个方面展开。

（1）提供让客户定制产品的服务。所谓定制产品，指的是企业所提供的产品不只局限于统一的产品，用户通过因特网在程序引导下，可对产品或服务进行选择或提出具体要求，企业可以根据客户的要求和选择，及时地进行生产并提供及时的服务，使客户得到满足要求的产品和服务。这样，一方面可以提高客户的满意度，另一方面企业还可以及时了解客户的需求，并及时组织生产和销售。

（2）提供跟踪订单状态的服务。当客户在直播间下单后，企业应该提供跟踪订单状态的服务，让客户了解什么时候能拿到商品。

（3）提供多种方便安全的付款方式。直播间要提供灵活多样的付款方式以便客户付款。现在来说，最方便跨界的付款方式有支付宝支付、微信支付、网银支付等。

3. 提供应时配送服务

客户完成在线购物后，商务活动并未结束，只有商品或服务送达客户，商务活动才算完结。客户在线购物最关心的问题就是所购买的商品能否准时到货。客户在网上购买的，一种是实物产品，如服装、玩具和食品；另一种属于数字产品，包括音乐、电影、电视、软件、报纸、杂志、期刊、图片等。对于数字产品,可以通过网上下载服务直接实现商品的送货。对于实物产品,企业应把应时配送服务作为业务的重点。应时配送服务是指在客户订货时就与客户协商确定到货的时间,并按约定的时间将货物送达指定的地点,要求不能晚也不能早。

4. 售后客户服务策略

售后阶段是企业非常重视的环节,越来越多的企业重视售后的持续性服务。因为到了售后环节,可以说客户才成为企业真正意义上的客户,并且企业通过售前、售中环节取得了一定的客户信息,可以对目标客户有针对性地提供服务。另外,售后服务工作开展得好,才能保持客户、维系客户。

1)售后服务策略

(1)向客户提供持续的支持服务。企业可通过在线技术交流、在线技术支持常见问题解答及在线续订等服务,帮助客户在购买后更好地使用商品。例如,客户在直播间购买了一台网络高清电视机顶盒后,可能在使用时需要了解如何和电视机相连及功能设置等问题。那么,企业可以通过在线帮助来解答客户的问题。

(2)开展客户追踪服务。在电子商务环境下,企业对客户的售后服务应该是终生的。良好的售后服务永远是留住客户的最好方法。在电子商务环境下,对客户的服务不再是当客户提出某种要求时的被动反应,而是企业应该积极地为客户着想,这才能使客户真正体会到"上帝的感觉"。

(3)良好的退货服务。由于客户在直播间购物时不能真实、直观地"摸"到商品,难免会出现对拿到的商品不满意的情况,需要退货。如果企业提供良好的退货服务,可以增加客户在线购买该件商品的信心。

2)商家客服售后沟通的实战技巧

客服在直播电商运营中占据相当重要的位置,好的客服团队有助于增加产品成交量。而且,客服的售后表现也在很大程度上决定客户对主播的观感,只有让客服为客户提供优质的售后服务,主播才能赢得用户喜爱,获得长期发展。客服想要为客户提供更好的售后服务,除了必备的客服经验外,还要掌握一些售后沟通技巧。

(1)订单信息确认,发货通知。一定要做好客户订单信息确认工作,让客户在下单后确认相关信息,降低未来发生纠纷的可能性。对于没有发货提示的物流,客服要将相关的物流信息通过短信或站内信发给客户,让客户放心,让客户对客服、主播及店铺产生一个良好的印象。客户在签收货物后,及时进行跟踪回访,店铺想要提高自己的好评率,必须在客户收到货物后及时做好跟踪回访。

店铺在确认客户已经收货的情况下,可以对产品的满意度做一个电话或短信回访。如果客户对此次购物很满意,客服要对客户表示衷心的感谢,并且欢迎客户再次前来选购产品,同时备注客户的偏好等相关信息,为下次接待客户做好准备;如果客户对产品感到不满意,客服首先要认真道歉,做出相关解释,如果需要退换就安排退换。这样不仅能发现与改进店铺的不足之处,还能改善服务模式,提高客服服务水平。

(2)收到好评时也要回复。店铺要重视客户的晒图好评,不能感觉客户已经给出了好评,没必要再关注了。其实,回复客户好评能够提升客户好感,从而有可能成为店铺的回头客。因此,在收到好评后,客服要向客户表达感谢,感谢客户购买产品,感谢客户对店铺的支持。

但在客户的好评中有这样一种情况,那就是客户明明给了好评,却在好评中说产品质量一般,购物体验并不很好,只是习惯性好评而已。面对这种情况,客服应该在不泄露客户信息的前提下诚恳道歉、认真解释,然后私信客户,再次致歉,感动客户,赢得谅解。

收到差评时要摆正心态,诚恳道歉。首先,客服一定不要通过电话或者短信去骚扰客户,更不能对客户进行人身攻击,必须主动承担责任,否则会让客户对店铺的印象更差,导致客源流失。其次,客服要表现出足够的歉意,耐心询问客户为什么给出差评,是因为产品质量太差、物流太慢,还是因为实物与图片描述不符等问题。最后,再次诚恳道歉,并就差评原因向客户做出解释,安排产品退换,并感谢客户对店铺的支持。

其实,只要客服能够做到真诚道歉、耐心询问、详细解释、衷心感谢,让客户被周到服务与诚恳态度所打动,就可以获得客户的宽容与谅解。

直播电商想要长期发展,必须抓住客服这个关键点,高度重视客服的售后服务。

5.1.4 直播电商客户服务的方法与技巧

直播电商客户服务不同于传统客户服务的一个重要方面,就是直播电商客户服务主要通过互联网络与客户进行交流,更多的是通过及时通信工具进行不见面式的沟通。这其实对直播客户服务人员的素质有较高的要求,需要借鉴一定的技巧。

1. 直播电商客户服务礼仪

礼仪是社会人际关系中用以沟通思想、交流感情、表达心意、促进了解的一种形式,是人际关系交往中不可缺少的润滑剂和联系纽带。网络客户服务人员无法看到客户的真实面容,所以只能通过网络进行语言沟通,礼仪起着非常重要的作用。

1)礼仪的基本概念

礼仪是人类社会为维系社会正常生活而共同遵循的最简单、最起码的道德行为规范与准则。它属于道德体系中社会公德的内容,是人们在长期共同生活和相互交往中逐渐形成的,并以风俗、习惯和传统等形式固定下来。各国的风俗习惯、宗教信仰不同。礼仪主要包括礼节、礼貌和仪表三方面。

(1)礼节是指在交际场合中,送往迎来,相互问、致意、祝愿、慰问等方面惯用的形式。礼节是关于他人态度的外在表现行为规范,往往以向他人表示敬意的仪式方面体现出来,如我国古代的作揖、跪拜,现代人们点头致意、握手问好,以及一些国家和地区的合十、拥抱等,都是礼节的形式。

(2)礼貌是人们言语动作谦虚恭敬的表现,是文明行为的起码要求。礼貌的内容十分丰富,包括遵守秩序、言必有信、敬老尊贤、待人和气、仪表端庄、讲究卫生等。礼貌体现了时代的风尚和人的道德品质,体现了人的文化层次和文明程度。

(3)仪表是指人的外表,如容貌、姿态、风度、服饰。仪表是感性的、外露的东西,它无须用语言表达。仪表是人的精神状态、品质情趣、文化修养和生活习惯的外在表现。仪表是外形,但它能反映出一个人内在的思想品德、道德修养、学识才能。

2)客户沟通礼仪

与客户沟通时必须注意谈话技巧,正确地使用恰当的措辞能够提高客户的满意度,形成好的口碑,增强企业在电子商务业内的美誉度。

(1)声音运用。声音运用的技巧如表5-1所示。

表5-1 声音运用的技巧

项目	技 巧
声调	应进入高声区,显得有朝气,且便于控制音量和语气
音量	正常情况下,应视客户音量而定,但不应过于大声
语气	轻柔、和缓但非嗲声嗲气
语速	适中,每分钟应保持在120个字左右

(2)通话行为规范。客服通话行为规范的内容如表5-2所示。

表5-2 客服通话行为规范

序号	客服通话行为规范的内容
1	通话过程中始终微笑服务,并保持良好的服务态度
2	话音清晰、精神饱满,自然诚恳,语速适中
3	耐心、细致、诚恳地对待客户
4	不推诿客户
5	禁止讲服务忌语,不粗暴对待客户
6	不随意提供客户资料,不擅改客户数据
7	不隐瞒差错,如发现回答客户咨询错误,应及时回拨,告之客户
8	遇到当时不能解答的问题应进行详细记录,给客户提供确切的回应范围、时间
9	对每一次的通话负责,对每一次的回答负责
10	善于引导客户,挖掘客户潜在需求
11	具备较好的专业知识,全面耐心地回答客户问题
12	具备较强的解决问题的能力,能够详细、准确、及时、迅速地处理客户的咨询与投诉

2. 直播电商客户服务沟通技巧

直播电商的最大特点之一就是交易双方通过电商平台交流和沟通,交易物品摸不到,所以往往给人的感觉比较虚。为了促成交易,客服必将扮演重要角色,因此客服沟通交谈技巧的运用对促成订单至关重要。

1)态度方面

(1)树立端正、积极的态度。树立端正、积极的态度对客服人员来说为重要。特别是在售出的商品出现问题时，不管是客户的错还是快递企业的问题，应该及时解决，不能回避、推脱。积极主动与客户进行沟通，尽快了解情况，尽量让客户觉得他是受尊重、受重视的，并尽快提出解决办法。除了与客户之间的金钱交易之外，还应该让客户感觉到购物的满足和乐趣。

（2）要有足够的耐心与热情。客户服务人员需要有足够的耐心和热情，详细地回复，从而会给客户一种信任感。

绝不可表现出不耐烦，就算对方不买也要说声"欢迎下次光临"。如果服务够好，这次不成也许还有下次。议价的客户也是常常会遇到的，议价是买家的天性，可以理解。在彼此能够接受的范围内可以适当地让一点，如果确实不行也应该婉转地回绝。比如，"真的很抱歉，没能让您满意，我会努力改进"，或者引导买家换个角度来看这件商品，让其感觉货有所值。总之，要让客户感觉你是热情真诚的，千万不可以说"我这里不还价"等伤害客户自尊的话语。

2）表情方面

微笑是对客户最好的欢迎，微笑是生命的呈现，也是工作成功的象征。所以当迎接客户时，哪怕只是一声轻轻的问候，也要送上一个真诚的微笑，虽然说网上与客户交流是看不见对方的，但只要你是微笑的，言语之间是可以感受得到的。

现有几乎所有网络通信工具都有表情符号这种表达方式，多使用表情符号可以能收到很好的效果。无论哪一种表情都会将自己的情感信号传达给对方，如"欢迎光临""感谢您的惠顾"等，应该轻轻地送上一个微笑，加与不加给人的感受是完全不同的。

3）礼貌方面

礼貌对客，让客户真正感受到"上帝"般的尊重，客户来了，先说"欢迎光临，请多多关照"或者"欢迎光临，请问有什么可以为您效劳的吗"。诚心致意地"说"出来，会让人有一种十分亲切的感觉，并且可以先培养一下感情，这样客户的心理抵抗力就会减弱或者消失。

4）语言文字方面

客服在语言文字方面的沟通技巧如表5-3所示。

表5-3　客服在语言文字方面的沟通技巧

序号	客服在语言文字方面的沟通技巧内容
1	尽量避免使用第一人称，多用"您""咱们"等词语，让客户感觉在全心全意地为他考虑问题
2	常用规范用语，例如，"请""欢迎光临""您好""请稍等""非常抱歉"等规范的交谈用语。很多交易中的误会和纠纷就是因为语言表述不当而引起的
3	在客户服务的语言表达中，应尽量避免使用负面语言，这一点非常关键。客户服务语言中不应有负面语言。比如，"我不能""我不会""我不愿意""我不可以"等，这些都叫负面语言

5）通信软件使用方面

网络通信软件是客服和客户沟通的平台，可以善用通信软件的各种功能，促进沟通。

在使用即时通信工具与客户进行网络沟通时,要注意讲话技巧和态度谦和。例如,若没有及时回复客户询问,可以说"对不起,我现在比较忙,我可能会回复得慢一点,请理解",这样不会让客户觉得被忽略。同时,很多即时通信工具都有语气表情符号,可以适当使用表情符号代表心情,使谈话更轻松。

3. 客户投诉处理策略

当客户购买或使用产品和服务时,对产品本身和企业服务都抱有良好的期望,当期望和要求都得不到满足时,就会令客户的心理失去平衡,由此产生的抱怨和不满行为,就是客户投诉。

投诉客户有3类:第一类是事务型的客户;第二类是态度型的客户;第三类是意见型的客户。意见型的客户本身都是很挑剔的,但是往往这种人的投诉是最宝贵的。

1)客户投诉处理要求阶段

客户投诉处理解决可分为4个阶段:接受投诉阶段、解释澄清阶段、提出解决方案阶段、回访阶段。每个阶段的要求如表5-4所示。

表5-4 客户投诉处理的要求阶段

阶段名词	要求内容
接受投诉阶段	认真倾听,保持冷静、同情、理解,并安慰客户;给予客户足够的重视和关注;明确告诉客户等待时间,一定在时限将处理结果反馈给客户;注意对事件全过程进行仔细询问,语速宜过快,要做详细的投诉记录
解释澄清阶段	不与客户争辩或一味寻找借口;注意解释语言的语调,不要给客户有受轻视、冷漠或不耐烦的感觉;换位思考,易地而处,从客户的角度出发做合理的解释或澄清;不要推卸责任,不得在客户面前评论企业、其他部门或同事的不足;如果确实是企业原因,必须诚恳道歉,但是不能过分道歉,注意管理客户的期望,同时提出解决问题的办法
提出解决方案阶段	可按投诉类别和情况,提出解决问题的具体措施;向客户说明解决问题所需要的时间及原因,如果客户不认可或拒绝接受解决方案,坦诚地向客户表示企业的规定;及时将需要处理的投诉记录传递给相关部门处理
回访阶段	根据处理时限的要求,注意跟进投诉处理的进程;及时将处理结果向投诉的客户反馈;关心询问客户对处理结果的满意程度

2)客户投诉的应对方法

作为一名优秀的客户服务人员,只有了解、掌握并灵活运用多种消除异议的技巧,才能在处理客户投诉的过程中得心应手。处理客户投诉的具体技巧主要有以下几种。

(1)让客户发泄。通常客户会带着怒气投诉或抱怨,这是十分常见的现象,此时服务人员首先应当态度谦让地接受客户的投诉和抱怨,引导客户讲原因,然后针对问题进行解决。这种方法适用于所有抱怨和投诉处理,是采用最多的一种方法。这种方法应把握3个要点:一听,认真倾听客户的投诉或抱怨,弄清楚客户不满的要点所在;二表态,表明对此事的态度,使客户感到你有诚意对待他们的投诉或抱怨;三承诺,能够马上解决的就马上解决，不能马上解决的给一个明确的承诺，直到客户感到满意为止。

（2）委婉否认法。使用委婉否认法避免陷入负面评价，就是当客户提出自己的购买异议后，服务人员肯定对方的异议，然后再陈述自己的观点。这种方法特别适用于澄清客户的错误想法，鼓励客户进一步提出自己的想法等，常常起到出人意料的显著效果。

（3）转化法。这种方法适用于误解所导致的投诉或抱怨，因此处理这种抱怨时，应当首先让客户明白问题所在，当客户明白是因为误解导致争议时，问题也就解决了。

应用此法应注意以下几点：首先，服务人员经验丰富。采用转化法的服务人员必须经验丰富，精通促销和服务技巧，因为只有这样的服务，才能察言观色，当机立断，适时巧妙地将客户误解转化。其次，转化方式轻松自然。这种方法运用恰当，客户会理解，若转化不当，则会弄巧成拙，使客户更生气，反而会增加阻力。因此，服务人员在用此法时应心平气和，即使客户异议明显缺乏事实根据，也不能当面驳斥，应旁敲侧击去疏导、启发和暗示。

（4）主动解决问题，承认错误。如果产品有瑕疵或服务质量不能令客户满意，应当承认错误，并争取客户谅解，而不能推卸责任，或者寻找借口，因为理在客户，任何推诿都会使矛盾激化。承认错误是第一步，接着应当在明确承诺的基础上迅速解决问题，不能拖延时间，在事发的第一时间解决问题，成本会最低，客户会最认可。一旦时间长了，就可能另生事端。

（5）转移法。转移法是指对客户的异议不予理睬，而将话题转移至其他方面的方法。有时客户提出异议本身就是无事生非或者比较荒谬，这时最好不予理睬，而应当迅速地转移话题，使客户感到你不想与他加剧矛盾。

知识拓展 ➡ 转移法应用注意事项

应用转移法，服务人员应注意的事项如表5-5所示。

表5-5 转移法应用注意事项

序号	转移法应用注意事项的内容
1	只有服务人员认为客户的异议是无事生非或者是荒谬的异议时，才能使用这种方法
2	服务人员对客户无关紧要的异议可以有不予理睬的念头，但外表应显得若无其事，不要让客户看出破绽，以免使客户产生被冷落的想法。同时，当服务人员认为客户异议已经不存在时，应适时自然地转入另一个话题
3	客户再度提起时不可不理会。如果客户度提起异议，服务人员就不能不理会了，因为既然再度提起，表明客户已经把该异议当真，也说明这个意见对他很重要，此时服务人员绝不能不理不睬了，应运用其他方法转化和消除客户异议

> 课堂活动

活动题目	收集直播电商客户服务的流程及服务策略
活动步骤	对学生进行教学分组,每3~5人为一个小组,以小组为单位进行讨论
	讨论并收集直播电商客户服务的流程,并将结果填入表5-6中
	讨论并收集直播电商客户服务策略,并将结果填入表5-7中
	每个小组将讨论结果形成PPT,派出一名代表进行演示
	教师给予评价

表 5-6 收集结果(一)

序号	直播电商客户服务的流程
1	
2	
3	

表 5-7 收集结果(二)

序号	直播电商客户服务策略
1	
2	
3	

5.2 直播电商仓储与物流管理

5.2.1 直播电商仓储管理

1. 仓储货架的规划

电商仓库根据功能不同可以划分为进货口、出货口、仓储区、打包区、出仓区五大区域,有些仓库会将进货口出货口合并为一个。这些功能区会在工作过程中自然形成,无须花费多心思进行规划。在整个仓库布局中最应该重视的是货架布局,货架布局有 5 种方式,如图 5-2 所示。

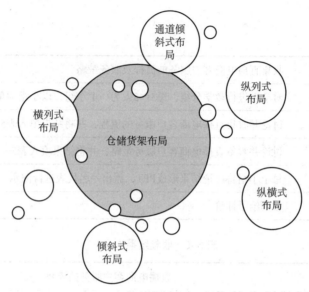

图 5-2　仓储货架布局方式

（1）横列式布局。货架或者货垛的排列方向要与仓库侧墙相互垂直，其优点在于留出的主通道宽敞，副通道较短，整体布局井然有序，存取品便捷，但是仓容利用率低，会提高仓储成本。

（2）纵列式布局。货架或者货垛的排列方向与仓库侧墙平行，该根据货品的存储时间和进出频次来确定货品的位置。货品在库时间长、进频次低，应储存在仓库较深处；货品在库时间短、进出频次高，则放置在出入更方便的主通道两侧。这种布局方式虽然提高了仓储管理效率，但是通风及采光差，不利于机械化作业。

（3）纵横式布局。纵横式布局兼具横列式布局与纵列式布局的优势，在提高仓容利用率的同时也有利于通风采光。

（4）倾斜式布局。倾斜式布局是指货架或者货垛与仓库侧墙或者主通道形成一定的夹角，一般有60°、45°或30°这3种选择。从本质上看，货架倾斜式布局是横列式布局的变形，方便叉车作业，缩小了回转角度，在一定程度上弥补了横列式布局仓容利用率低的劣势。

（5）通道倾斜式布局。在仓库通道斜穿保管区划分出几个作业区域，达到最大化地利用仓库的目的。例如，设立大量储存区与少量储存区等。这种布局会导致货位和进出仓库通道更多，仓库形式更复杂。

> **知识拓展** → **放置货品的注意事项**

选择合适的货架，设置合适的货位。一般货架的位置不易变动，相对固定，但是货架上的货品需要根据销量及时调整，提高出货效率。因此，货品摆放可以参考表5-8所示的5条黄金法则。

表5-8 放置货品的黄金法则

序号	黄金法则内容
1	在位于或者靠近仓库进出口的货架上摆放高销量商品或促销商品
2	在仓库货架的黄金位置摆放高销量商品或者促销商品，黄金位置多位于货架高度的0.75~1.5m
3	在货架的最上层或最下层摆放销量低的商品。这些位置的商品捡取需要拣货人员弯腰或借助工具，出货速度较慢，所以即便是黄金货架的相同位置也多摆放销量低的商品
4	靠近仓库出口的货架摆放销量和体积都比较大的商品便于运输
5	卖家要根据自己的实际情况权衡商品之间的摆放位置，如黄金货架摆放长销商品还是促销商品等

2. 电商仓储管理的规范化

随着电子商务的蓬勃发展，仓储管理规模扩大，电商仓储相应的管理标准也随之提高。电商仓储中应该关注的是如何更快、更准确地缩短送货时间，以及如何实现高效的仓储管理。这两个问题的解决需要建立更加智能化、规范化、标准化的管理制度与体系。

1）仓储作业信息化

电商供应链物流"多品类、高频次、多批次、小批量"的特点决定了采用全程信息化管理的方式效果最佳。一般电商企业都会安装管理软件对整个仓储流程进行信息化指导和可化监测。相关人员可以在系统的辅助下，提高作业流程的生产效率和工作效率，具体方法如表5-9所示。

表5-9 仓储作业信息化流程

流程	内容
设计多重防错措施	制定包括数量比对、重量比对、视频监控、唯一标准条码识别在内的多重防错措施，降低错发、漏发率，规避常见的人工操作失误
采用预分配策略	为了实现人力与物力资源的最优化选择，可以根据以往的历史数据和当前的整仓任务提前制订工作计划。特别是在订单高峰期，预分配策略可以更好地应对突发状况
采用有效工时考核法	合理规范的绩效考核制度可以激发员工的工作积极性与主动性，提高工作效率。为了达到上述目标，仓储管理可以采取有效工时考核法，依照不同的工作性质和特点，将员工劳动量转化为有效工时，制定一份公平公正的绩效考核清单，在电子屏幕上实时展示出来。这种方法样可以解决临时工、短期工考核难的问题

2）电商仓储标准化作业

（1）一人多岗，一岗多能。想要实现"一人多岗，一岗多能"的理想局面，需要仓库内部各个岗位采用标准化模式，降低操作难度。这也需仓储管理系统根据仓内作业情况实时调整、变动各个工作岗位，避免因为个别岗位任务重导致整体效率的下降。在这方面，制定标准化作业方法、低员工操作难度及缩短培训时间是3种比较可行的方法。如果遇到订单高峰期，可以通过临时招募大量短期工保证及时收发货，同时削减人员开支。

（2）建立标准化信息技术服务管理体系。采用更先进的仓储管理系统，建立标准化信息技术服务管理体系，完善人员培训、团队建设、流程优化、硬件升级等相关服务，实现更优质、更高效、更成熟的智能仓库管理模式。

可视化监控确保货物信息安全。信息化仓储管理系统通过对货品存储、发货、运输等各个环节进行实时可视化监控，一方面使仓储人员可以远程查询订单情况，并及时更新、上传有关记录；另一方面通过设置系统权限，可以让用户随时了解订单动向。仓储管理系统会将整个物流过程拍摄并保存下来，确保各个环节都可以追溯，保证货品可以安全送达。

建立信息安全管理体系不仅仅是为了保证仓储管理系统的安全与规范，更是为了使整个供应链中极其重要的两个环节——电商管理系统与快递公司管理系统实现无缝对接。

在无纸化的工作环境下，仓储管理系统必须对订单信息、用户信息等重要信息严加保密，防止泄露。一旦信息泄露，会让整个供应链条蒙受巨大损失。因此，为提高安全性与警觉性，无论使用的管理系统的智能化程度多高，都需要操作人员多次把关检测，使管理系统维持高效运作。

因此，降低员工流失率是需要仓库部门管理层高度重视的问题。员工流失率高，不仅意味着要额外支出一笔费用来招聘和培养新员工，而且新员工的工作效率与准确率也远远比不上熟练的操作人员。

3. 仓储作业流程

为了达到提高作业流程与效率的目的，管理员在处理复杂的仓储情况时，可以制定更合理的流程制度来提高整体工作的规范性，降低各个环节的失误率，从而提高整体的作业效率。具体而言，高效的仓储作业流程如图5-3所示。

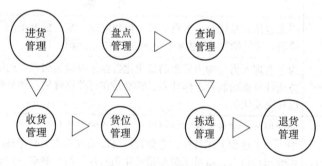

图 5-3　仓储作业流程

1）进货管理

（1）通过PDA手持终端调取后台资料，实时对实际库存资料打印相关对照表。

（2）根据对照表判断补货或退货情况，借助终端调取后台数据库并提交订单，第一时间进行补货或处理退货申请，保证库存货品正常运转。

2）收货管理

（1）供应商把所需货品送至仓库收货处后，合理安排卸货。

（2）通过终端调取订单具体信息，与送的货物进行一一核对，确保货品没有问题。根据货品种类选择性地检查以下信息：货品条形码、货品编号、货品数量、货品规格、货品保质时间、生产地、货品定价、货品质量等。

（3）在终端上确认之后，将收货信息上传到后台时，要记录下收货时间和收货人信息。

（4）通过终端无线打印机打印收货清单并保管好。

（5）如果货品质检不合格，可以拒收货品。

3）货位管理

（1）通过条码解读器识别条形码信息，确定货品在货架上的位置。

（2）实时了解仓库的存储情况，包括货位利率、仓库剩余使用面积、货品数量等，以便随时补货、处理退货，或是调整货架布局。

（3）根据仓库信息系统对货架、运输工具、固定设备等硬件进行实时监测与反馈，从而更精准地完成仓储管理工作，及时解决货品错误摆放、货品零散管理等问题，使整个作业流程更加合理有序。

（4）根据信息系统显示的设备检修信息、货品或易耗品的损耗清单等，及时通知相关人员前来处理并做好登记。

4）盘点管理

相比于传统的人力清点，电子终端具有盘点时间短、盘点人员少、投入成本小、盘点效率高、盘点信息准确等不可取代的优势，甚至可以在盘点信息的同时处理相关数据，从而有效地提高决策效率。

5）查询管理

（1）实时查询货品有关信息，包括货品信息、货品库存、价格调整、订单校验、货品出入库等。

（2）在对查询到的有关信息进行一一核对后，将其反馈到后台系统等待处理结果。

6）拣选管理

（1）建立信息管理系统。通过信息管理系统进行库存管理、设备控制、货品控制等提高仓库管理及控制效率。

（2）人力与机器智能的高度配合能够提出出错率更低的实时物流解决方案。利用电子终端、语音设备等信息媒介搭建的"无纸化"存储环境，能够保证整个货品供应链稳定运转，提高作业效率、识别准确率、供应链的可追踪性以及可视化程度。

（3）引入挑拣设备。一方面，需要引入叉车、起升机、激光引车等工具解决挑拣人员行走较多的问题。另一方面，使用托盘或纸箱流利式货架压缩拣选面，大幅减少挑拣人员的行走时间。

（4）使用智能化区位管理输送系统，让订单在多个作业区之间自动传送，无须挑拣员来回走动，从而提高整体的作业效率。

（5）使用缓存与排序技术。这种技术可以让挑拣设备按需将货品及时准确地传送到指定位置，供挑拣员处理，实现"货到人拣"的效果。

（6）采用多订单同时拣选策略。利用智输送分拣系统将多个买家的订单组合在一起，批量输送到挑拣员的位置，提高系统吞吐量与挑拣效率。

（7）制订货到人整箱码盘解决方案，这是为解决整箱拣选问题而提出的一套方案。智能挑选系统对进行排序和预拣的混箱进行码盘，使码盘工只需将纸箱摆放整齐即可，提高了整个作业过程的安全性与便捷性。

　　7）退货处理

（1）订单质检不合格就需要退货，通知厂家重新换货或联系其他厂家。

（2）确认厂家收到退货通知后，及时查看后台仓储管理系统是否及时更新退货信息，完成退货处理。

（3）准备好要退的货品，将退货单上传到配送中心，等待配送中心的处理结果。

（4）知晓结果后，登记退场回单记录，确认仓管理系统的库存情况，然后安排货品运输工作，与相关部门进行交接。

　　4. 仓储成本控制

　　仓储开支耗资巨大，需要想尽一切办法节约开支，实行更有效的仓储成本控制手段。因此，仓储成本控制的主要目的就是要以最低的储存成本实现预期甚至超出预期的仓储数量。在这方面，仓储人员可以参考以下措施和经验。

（1）采用现代化仓储技术与设备，提高各方面作业效率。采用现代化仓储技术与设备，不仅可以减少人力成本支出，还能显著提升整个仓储流程的作业效率。运用包含计算机定位、监控及存取等技术在内的仓储管理系统能够有效提高生产效率，实时监测仓库动态并及时提交反馈报告。在分拣环节，采用智能分拣与传送设备能提高货品挑拣效率。现代化货架、叉车及新型托盘的使用在货品进出、货品摆放环节也发挥了巨大作用。

（2）发挥仓库的使用效能，提高货品周转速率。要保证仓储管理系统正常运行需要巨大的开支，因此需要加快货品的周转速率与仓容利用率，及时回笼资金，提高货仓的吞吐能力，最大化发挥仓库的使用效能。积压的货品数量越多、时间越长，意味着资金周转速度越慢、货品消耗越大、仓库使用效越低、新货入库越难，这些问题会导致仓储成本越来越高。因此，可以通过提升存储高度、缩短通道宽度、减少通道数量等方式增加仓储面积，仓容利用率越高，意味着同等面积下的货品储存量越多，成本开支也就越小。

（3）减少货品损耗率，重视库存的质量监管。无论是货品在运输、分拣等各环节出现的非正常损耗问题，还是长期积压出现的货品质量问题都需要引起重视。首先，强化货品验收标准。质检不合格、手续不齐全的货品坚决拒绝入库。其次，仓库要科学分区，实行严格的监管措施，对那些有保质时间、对室内温湿度敏感的货品应定期检查，必要时可以引进智能检测系统实时监管货品质量。最后，做好记录，及时核对。在信息系统检测后需要人工定期回查，确保仓储信息与实际情况相符合。

（4）采用"先进先出"法，降低货品储存成本。"先进先出"法是指进库时间越早的货品，发货时间也越早，把货品的库存时间压缩到最短，通过这种方式降低货品的储存成本。在具体实践过程中，仓储人员可以采用两种方式来达到货品"先进先出"的理想效果。第一种是安装 WMS 管理软件，按照货品入库时间自动安排出货顺序。第二种是使用贯通式货架系统,使仓储管理运作实现自动化、机械化。贯通式货架系统还能大幅提高仓储利用率(一般能够达到80%左右),广泛应用于食品、烟草、冷库等仓储成本较高的行业。

(5)搭建"三流合一"网络,节约仓储成本。目前,电商仓储管理正向着智能化、信息化方向不断发展,促使供应链各个环节有机整合,搭建了一个可以实现资金流、信息流及物流一致流动的网络系统。对这些数据进行动态分析能够帮助仓储管理人员更好地进行决策,有效降低出错率,节约仓储成本。

5.2.2 直播电商物流管理

1. 快递公司的选择

快递公司直接影响包裹配送效率,包裹配送效率直接影响客户的购物体验。为了提升客户的购物体验,商家必须综合考虑各个因素,选择一家性价比高的快递公司。具体来看,选择快递公司要考虑以下因素,如图5-4所示。

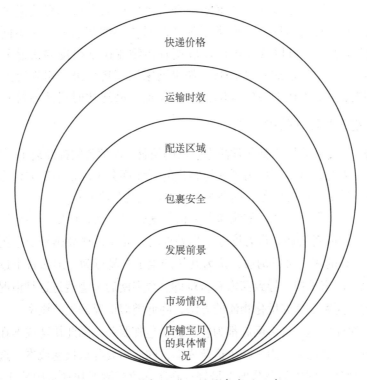

图5-4 选择快递公司要考虑的因素

(1)快递价格。商家在选择快递时,首先应该考虑的就是价格因素,因为对于提供包邮服务的店铺来说,快递价格越高,所得利润就越低。所以,商家要综合分析自家店铺的运营成本与产品价格,在保证利润的前提下选择一家价格合适的快递公司。但也不能选择太便宜的快递公司,因为一般来说价格越便宜,快递速度就越慢。

(2)运输时效。运输时效与店铺的动态评分息息相关。商家在选择快递公司时要将时效与价格综合在一起进行考虑，可以通过分析价格相近的几家快递公司的实时物流信息，判断哪家快递公司才是自己的最佳选择。

（3）配送区域。商家的很多客户都来自农村或偏远地区，因此，商家必须选择能够将产品配送到这些区域的快递公司。尤其是将农村偏远地区的朋友作为目标客户的商家，如果仅仅将产品配送至乡镇，很容易引起客户的不满，甚至会被打差评，所以就更要选择能够将快递送至农村的公司。

（4）包裹安全。为了尽量避免快递损坏或丢失等情况的出现，商家要选择丢件率低、暴力分拣情况少的快递公司，以免客户因为快递运输问题对店铺产生不良印象。

（5）发展前景。有些快递公司虽然便宜，但是公司规模小，发展状况不稳定，倒闭的风险大。因此，出于长远考虑，为了避免因为快递公司出现意外影响产品的运输安全，商家最好选择发展前景良好、业务模式成熟的大型快递公司。

（6）市场情况。商家在选择快递公司时应该参考社会上的一些信息，如快递行业的市场情况和各个快递公司的大众口碑，避开丢件率高、暴力分拣、速度很慢的快递公司。

（7）店铺宝贝的具体情况。商家要结合自家的产品类型选择快递公司。不同商家经营的产品类别有所不同，不同类型的产品对快递的配送要求也不同。例如，如果商家销售的是服装，可以选择价格比较便宜但物流速度很慢的快递公司，因为快递时效不会对产品质量造成不良影响。如果商家以销售生鲜、水果等产品为主，必须选择一家物流速度很快的冷链运输公司，保证产品送达时仍然新鲜，不会变质。

2. 商家提升物流体验的方式

商家提升物流体验的方式

每家网店都非常注重自己的信誉，而信誉的提高离不开客户的好评，因此，许多网店为了获得客户的好评都会付出很多努力，力求为客户提供更优质的服务，提高客户对本次购物的满意度。

但因为产品的快递业务由快递公司负责，所以当客户因为物流速度慢或者快递人员态度差给出差评时，商家往往会感到非常冤枉。再加上有的客户难以沟通，认为既然产生了交易行为，那么整个过程出现的所有问题都应该由商家承担，导致商家有苦难诉。很多网店都遭遇过这种情况，并感到头痛不已。为此，商家要掌握优化物流的方法，降低类似情况发生的概率。

（1）降低快递成本。许多网店都为客户提供包邮服务，因此快递成本在网店运营的总成本中占有一定的比例。为了减少运营成本，网店需要降低快递成本，选择适合店铺的快递公司。此外，网店的办公地点最好选在距离物流园或快递集中地比较近的地方，这样也能减少快递方面的支出。

（2）选择多家快递公司。不同的快递公司有不同的优缺点，如果店铺量比较大，业务比较繁忙，可以选择多家快递公司进行合作，取长补短，既降低成本，又提高快递效率，防止客户因为快递问题产生不满。

（3）客户自选快递公司。客户自己选择快递公司，即便快递速度很慢，也不会怪罪店铺。需要注意的是，当客户选择的快递公司的费用较高时，网店要设置邮费补贴让客户补足快递费。同时，网店要将发货时间安排明确告知客户。例如，每天下午 4 点之前下单的产品当天发货，下午 4 点之后下单的产品隔天发货等。

（4）做好售后服务。当客户因为物流问题给出差评后，网店应安排客服做好售后服务，向客户表达歉意，认真解释物流事宜，处理好还未解决的物流问题，尽力获得客户的谅解，如有必要可以对客户做出一定的补偿。总而言之，网店要努力消除差评，降低差评率。

3. 降低快递成本的方式

商家在运营店铺的过程中会产生很多成本。众多运营成本中，快递成本是占比较大的一种。如果可以降低快递成本，商家就能获得更多的利润。商家降低快递成本的方式如图 5-5 所示。

图 5-5 降低快递成本的方式

（1）降低包装成本。许多商家将纸箱作为产品的外包装，如果商品属于易碎型商品，还需要商家为其准备一层内包装，避免商品运输过程中受到损坏。此时，商家需要考虑选择哪种内包装能够使成本更低。例如，海绵和泡沫相比，泡沫的成本更低。

（2）回收材料再利用。商家在收到供应商寄来的大量商品的同时，也会一同收到许多包装箱，商家可以将这些包装材料收集起来进行再次利用。此外，为了降低包装成本，商家也可以回收快递公司的包装箱。

（3）压低快递费。对于商家来说，降低快递成本最有效的方法就是和快递公司议价。在此之前，商家必须对市场上的多家快递公司进行分析调查，选择那些收费低、信誉高、服务好的快递公司进行合作，这样既能减少成本，又能降低客户因快递问题对商家产生不满的可能性。为了使快递公司能够在价格上做出让步，商家在议价时可以向快递公司表明自家店铺订单很多，并有意长期合作等。

（4）发平邮。商家想要让自家产品拥有更多的价格优势，必须降低产品运费。如果商品比较重，在征得用户同意的前提下，商家可以选择价格比较实惠的平邮，也就是邮政普通包裹。这里需要注意的是，店铺发平邮必须与买家商量。

平邮按照寄送里程与货物重量综合计费，一般是首重 5 元 /kg、续重 3 元 /kg。平邮的成本主要是在包装箱上，它的纸箱分为 12 种规格，价格最低的也有 2 元。因此，商家可以将布袋作外包装，或去网上购买这 12 种规格以内的包装箱，一般最低价在 0.6 元左右。

课堂活动

活动题目	收集直播电商仓储作业流程及降低快递成本的方式
活动步骤	对学生进行教学分组,每3～5人为一个小组,以小组为单位进行讨论
	讨论并收集直播电商仓储作业的流程,并将结果填入表5-10中
	讨论并收集直播电商降低快递成本的方式,并将结果填入表5-11中
	每个小组将讨论结果形成PPT,派出一名代表进行演示
	教师给予评价

表5-10 收集结果(一)

序号	直播电商仓储作业的流程
1	
2	
3	

表5-11 收集结果(二)

序号	直播电商降低快递成本的方式
1	
2	
3	

▶▶ 本章考核检测评价

1. 仓储货架的规划方式有哪几个?
2. 仓储作业流程是什么?
3. 仓储成本控制的措施有哪些?
4. 商家提升物流体验的方式有什么?

第6章
抖音电商平台实战

 **本章目标**

- ☑ 初步认识抖音平台。
- ☑ 了解抖音直播电商的生态特征。
- ☑ 掌握抖音直播实操,并能够独立进行抖音直播。
- ☑ 通过成功案例的学习,能够深度解析抖音直播电商的成功之道。

 学习重点、难点

学习重点:
- ☑ 了解抖音直播电商的生态特征。
- ☑ 掌握抖音直播实操。

学习难点：

通过成功案例的学习，深度解析抖音直播电商的成功之道。

本章引言

抖音于 2018 年 5 月正式启动电商业务，目前以短视频、直播带货为主，其发展思路依然延续过去的"流量引流"的变现思路。随着直播电商的爆发式发展，抖音加大力度自建抖音小店，平台自身开始签约 KOL，同时在供应链端与直播基地签约，这一系列动作都表明，抖音在加大直播电商的投入。未来，抖音直播电商或将迎来更大的发展机遇。

6.1 抖音平台认知

抖音是由今日头条孵化的一款音乐创意短视频社交软件，于 2016 年 9 月上线，是一款帮助广大用户表达自我、记录美好生活的短视频分享平台，更是一款音乐创意短视频社交软件。抖音不断提高用户体验，增加新的功能，抓住时下热点，让"抖友"始终保持新鲜感，让更多的名人抖音成为热门。抖音娱乐属性明显，具有流量大和用户活跃度高的优势。

知识拓展

抖音短视频刚上线时的名字叫 A.me，2016 年 12 月 22 日正式更名为抖音短视频。抖音用一年时间，做到了视频日均播放量超过 10 亿次，日活跃用户数达到千万级，500 天左右就成为应用商店摄影与录像类应用排行榜的第 1 名。

6.1.1 抖音平台的特点

抖音平台的特点

在上线初期，抖音的标签是"潮""酷""时尚"，这奠定了抖音"年轻、时尚"的调性。这个定位让抖音占据了先发优势，并吸引了大量一、二线城市的年轻人。随着用户群体的不断扩大，抖音的定位也发生了变化。2018 年 3 月，抖音正式启用全新的品牌口号"记录美好生活"，这个定位体现了抖音向生活化方向的转变，让抖音的主要面对人群从追求"潮""酷"的年轻人走向了普通大众。

抖音平台主要具有以下 4 个特点。

1. 泛娱乐化

受到抖音前期"潮""酷""时尚"定位的影响，音乐、舞蹈、搞笑段子等泛娱乐化的内容在抖音平台上比较受欢迎，这就促使创作者在创作短视频时更倾向于轻松、娱乐的方向。

2. 个性化推荐

在抖音平台上，用户是在"全屏"模式下浏览视频，可以通过向上、向下滑动手机屏幕切换短视频，这就是抖音首创的"单屏浏览模式"，进入抖音首页后，用户无须按照主题选择短视频的类型，而是以平台推送的顺序观看。

抖音平台会根据用户观看短视频的停留时长、点赞、评论等行为为用户优化短视频推荐。在这种个性化的推荐机制下，用户观看的短视频都是由抖音平台决定的，但用户可以关注某些抖音账号，然后在自己账号的"关注"板块中查看自己感兴趣的短视频。

3. 流量叠加支持

创作者将短视频上传到抖音以后，抖音平台会对短视频进行审核，查看短视频是否存在违规内容。如果短视频存在违规内容，将无法在抖音平台上发布。

当短视频通过审核后，抖音平台会将短视频放进一个较小的流量池内，在小范围内测试该短视频的潜力。例如，先将该短视频推荐给 5 万个同城用户，然后对该短视频的完播率、点赞量、评论量、转发量等指标进行统计和分析，决定是否继续对其给予流量支持。

如果该短视频在这些数据上表现良好，抖音平台就会将其放在一个更大的流量池内，为其提供更多的流量支持。如果在第二波推荐中该短视频的数据表现依然良好，抖音平台就会给予下一波更大的流量支持……如此层层递进，不断增加对该短视频的流量支持。因此，抖音平台更看重的是短视频内容的质量，这样大大提升了优质短视频的传播效率，弱化了短视频创作者的身份门槛。

而在抖音直播电商上，多半也会延续这个流量推荐逻辑，只不过直播电商还会涉及转化率、复购率等电商的参数。

引例

成都春熙路集市线上开播，抖音电商"富域计划"带来川渝家乡味

一口川渝美味，巴适的板。2021 年，抖音电商"富域计划"走进成都春熙路，推出"家乡的味道"线下集市，集合众多川渝商家在抖音开播，将当地美食推荐给全国消费者。

2021 年 6 月 28 日至 30 日，春熙路街头的特色集市摊展，吸引了不少过往行人关注。与传统商区摊位不同的是，商家们一边服务着现场试吃购买的消费者，

一边竖着手机支架、对着镜头向抖音电商里"云逛街"的用户展示商品特色。

据了解，抖音电商"富域计划"邀请了当地上百家食品企业参与此次线下集市，现场还有不少电商达人、经销商与地方商家对接选品，直接成单。"富域计划"意在借助特色直播间，整合当地特色食品、饮料商品，撮合地方特色达人直播带货，扶持地方自播商家，推出新商家激励优惠，帮助当地商家及达人更快地成长。卤味、方便速食、粮油调味的现场展位，人气颇高。

除了川渝集市活动，抖音电商"富域计划"还在平台内给予流量支持，推介当地好物。绵阳米粉、宜宾燃面、钵钵鸡、冷吃兔、香辣萝卜干……188款地道美食上线抖音电商"家乡的味道"川渝专场。抖音电商"富域计划"邀请多位川渝达人通过短视频和直播的形式，向广大消费者介绍当地特色美食与历史。

"富域计划"正式发起于2021年4月，借助抖音电商内容、推荐技术和流量的优势，挖掘各地本土优质好物，助力其与全国大市场有效链接。本次"家乡的味道"川渝活动专场是该计划在四川系列活动中的一站，后续该计划还将为四川当地农民和乡村创业者提供专业培训，帮助其掌握短视频和直播技能，更好地将源头好物带出大山。

4. 内容为王

抖音会对原创的、有创意的内容给予更多的流量支持，所以作为创作者，只有持续地生产优质内容，才能获得抖音平台更多的流量推荐，才能让自己的作品展现在更多的用户面前，并获得用户的认可。

> **小贴士**
>
> 抖音直播用户的特点
>
> （1）年龄分布：抖音用户年龄分布上没有极端变化，呈现出年轻且均衡的分布。
> （2）性别分布：女性是直播的主力军，男性比重也不低。
> （3）地域分布：抖音直播用户南方比北方占比较多。

6.1.2 抖音直播电商的生态特征

抖音聚焦年轻人潮流个性的生活态度，在直播电商中以内容"种草"为核心。具体来说，抖音直播电商的生态特征如表6-1所示。

表 6-1　抖音直播电商的生态特征

项　目	说　明
平台类型	短视频平台
平台特性	大众娱乐属性强，流量智能分发
流量来源	平台公域流量为主
主要供应链	抖音小店、淘宝网、天猫、京东商城
带货商品属性	美妆类商品、服饰类商品占比较高
带货KOL属性	头部主播相对集中，这是因为流量智能分发模式下，使得头部主播的商品容易爆红
带货模式	达人通过短视频积累粉丝，然后通过短视频或直播带货实现变现

课堂活动

活动题目	分析某一品牌产品的抖音营销策略
活动步骤	对学生进行教学分组，每3～5人为一个小组，以小组为单位实施活动
	小组成员登录抖音APP，以某一品牌为调查分析对象，分析该品牌的抖音直播平台的营销策略，并填写表6-2
	针对表6-2中所列情景进行讨论，各小组将自己的答案写在表6-3中
	每个小组将结果提交给教师，教师予以评价

表 6-2　某一品牌抖音营销策略

品 牌 名 称			
该品牌包含的产品类型			
列举三款该品牌同一产品在不同抖音直播间的价格对比	产品名称	抖音直播间1价格	抖音直播间2价格
列举两款该品牌产品在不同抖音直播间的促销策略	产品名称	抖音直播间1策略	抖音直播间2策略

表 6-3 针对情景写出自己的答案

情景描述	某服装公司历史悠久,是一家北京老字号企业。在过去相当长的时期,销售业绩非常好,形成了广大的客户群。但由于服装市场竞争越来越大,目前的销售业绩有明显下滑的趋势。为了扭转这种被动局面,公司决定在传统服装的基础上加入时尚元素,同时切实搞好网络营销工作。为此,营销部经理把该项任务交给了新员工小王,要求他制订出抖音平台的网络营销计划
问题	假如你是小王,你应该如何策划抖音平台的网络营销方案
答案	

6.2 抖音直播实操

下面将介绍如何通过抖音直播进行带货,包括开通抖音直播、开通商品分享权限、添加与管理商品、设置预告直播时间、直播间购物车商品管理、直播互动、直播上热门等。

6.2.1 开通抖音直播

若要开通抖音直播,只需进行实名认证即可,具体操作方法如下。

(1)打开抖音 APP,在下方单击 ⊞ 按钮,如图 6-1 所示。

(2)进入拍摄界面,在下方菜单最右侧选择"开直播"选项,然后单击"开始视频直播"按钮,如图 6-2 所示。

(3)在打开的界面中进行实名认证,如图 6-3 所示,输入真实姓名、身份证号等信息,单击"同意协议并认证"按钮,认证通过后即可开通直播功能。

图 6-1 单击 ⊞ 按钮

图 6-2 单击"开始视频直播"按钮

图 6-3 实名认证

6.2.2 开通商品分享权限

个人要利用抖音直播带货,需要开通商品分享权限,开通这个权限要求个人主页视频数(公开且审核通过)≥10条,账号粉丝数(绑定第三方的粉丝数不算)≥1000人。如果账号达到了这些要求,即可申请开通商品分享权限,具体操作方法如下。

(1)打开抖音APP,在下方单击"我"按钮,然后单击右上方的菜单按钮,选择"创作者服务中心"选项,如图6-4所示。

(2)在打开的界面中单击"商品橱窗"按钮,如图6-5所示。

图6-4 选择"创作者服务中心"选项　　图6-5 单击"商品橱窗"按钮

(3)在打开的界面中单击"商品分享权限"按钮,如图6-6所示。

(4)进入"商品分享功能申请"界面,查看开通条件及所获得的权益,然后单击"立即申请"按钮,如图6-7所示。

图6-6 单击"商品分享权限"选项　　图6-7 单击"立即申请"按钮

（5）在打开的界面中输入手机号、微信号等信息，单击"提交"按钮。
（6）开始审核信息，等待系统审核完成。
（7）审核完成后，即可成功开通商品分享功能。
（8）此时，抖音个人主页将显示"商品橱窗"按钮，单击该按钮。
（9）进入"商品橱窗"界面，从中可以添加商品，进行橱窗管理，或根据需要开通抖音小店。

6.2.3 添加橱窗商品

开通商品橱窗后，即可将商品添加到抖音平台。如果想添加自己的商品，需要开通抖音小店；如果没有自己的商品，可以在商品库中添加"爆款"商品进行推广，以赚取佣金。

1. 添加抖音精选联盟商品

下面将介绍如何在商品橱窗中添加抖音精选联盟的商品，具体操作方法如下。
（1）打开"商品橱窗"界面，单击"添加商品"按钮。
（2）进入"添加商品"界面，单击"爆款推荐"按钮。
（3）在打开的界面中选择需要直播推荐的商品，单击"加橱窗"按钮。
（4）在弹出的提示信息框中单击"同意"按钮。
（5）进入"开通账户"界面，填写提现账户信息，然后单击"开通提现账户"按钮。
（6）开通提现账户后，继续添加商品，进入"分类至"界面，单击"新建分类"按钮，创建"家居用品"类别，选择该分类，然后单击右上方的"完成"按钮。
（7）进入"编辑商品"界面，输入商品短标题，然后单击"完成编辑"按钮。
（8）除了添加推荐的商品外，还可以在"添加商品"界面的搜索框中搜索所需的商品。单击☆按钮，可以收藏商品。
（9）在"添加商品"界面中选择"我的收藏"选项，即可查看收藏的商品。

2. 添加第三方平台商品

除了添加抖音精选联盟的商品外，抖音还支持添加淘宝网、京东、考拉海淘、唯品会、苏宁易购等第三方平台的商品。例如，若要添加淘宝商品，需要先绑定淘宝PID，然后在商品库中添加即可，具体操作方法如下。
（1）打开"商品橱窗"界面，单击"账号绑定"按钮。
（2）进入"账号绑定"界面，选择"淘宝PID"选项，单击"去淘宝获取"按钮，在弹出的提示信息框中单击"确认"按钮。
（3）启动淘宝APP，在打开的界面中单击"同意协议并绑定"按钮。
（4）进入"新增备案"界面，选择经营类型，填写昵称、粉丝数量，然后单击"完成绑定"按钮。
（5）抖音平台审核账号。审核完成后，单击"新增推广位"按钮，在打开的界面中输入名称即可获得淘宝PID,单击"完成绑定"按钮。账户绑定成功后，单击"返回"

按钮。

（6）返回"账号绑定"界面，查看绑定的淘宝PID。采用同样的方法，还可以绑定京东PID或洋码头PID。

（7）打开"添加商品"界面，单击"淘宝"按钮。进入"淘宝"商品列表界面，在上方选择分类，如"家居"，然后单击要添加商品右侧的"加橱窗"按钮。

（8）进入"编辑商品"界面，输入商品短标题，并选择商品分类，然后单击"完成编辑"按钮。

（9）除了在商品库中添加商品外，还可以通过淘口令添加商品。在手机上安装"淘宝联盟"APP并打开，选择要添加的商品。

（10）打开"宝贝推广信息"界面，单击"立即分享"按钮。

（11）在打开的界面下方单击"仅复制口令"按钮，弹出的信息提示框中显示"复制成功"后，打开抖音"添加商品"界面，在上方单击"商品链接添加"按钮。

（12）在弹出的信息提示框中单击"查看详情"按钮，查看通过淘口令添加的商品，单击"加橱窗"按钮。

（13）进入"编辑商品"界面，输入商品短标题，并选择商品分类，然后单击"完成编辑"按钮。

6.2.4　商品橱窗管理

把商品添加到橱窗中后，用户可以根据需要对商品进行移除、置顶或分类等管理操作，具体操作方法如下。

（1）打开"商品橱窗"界面，单击"橱窗管理"按钮。

（2）置顶商品：进入"商品橱窗管理"界面，单击商品下方的↑按钮，可以将其置顶。

（3）移除商品：单击"管理分类"按钮，在打开的界面中选择商品分类，选择某一类别中的一件商品，然后单击右上方的"移除"按钮，即可将所选商品从该分类中移除。

（4）移动商品：返回"商品橱窗管理"界面，选中商品，然后单击右上方的"分类至"按钮，在打开的界面中选择某一分类，然后单击右上方的"完成"按钮，即可将商品移动至这一类目下。

（5）查看商品：在"橱窗管理"界面右上方单击"橱窗预览"按钮，在打开的界面中预览橱窗商品，单击右侧的☰按钮，即可打开侧边栏，按照分类查看橱窗商品。

（6）除了在抖音APP上管理橱窗商品外，还可以在PC端使用抖音账号登录巨量百应网站，进行橱窗商品管理。

> **知识拓展**　巨量百应

巨量百应也称Buy in，是基于短视频/直播内容来分享商品的场景，汇聚并连接各个作者、商家、机构服务商的综合商品分享管理平台，是抖音带货MCN机构，即抖音服务商。

巨量百应是一个内容电商综合服务平台，旨在为开展商品分享的达人、机构服务商和商家等合作方提供更完善的综合管理工具。具有可以管理机构下达人、管理推广的商品、招募计划活动管理、地址管理等功能。

6.2.5 设置预告直播时间

在开抖音直播之前，除了提前发布短视频进行直播预热以外，还可以根据开播计划设置预告直播时间，具体操作方法如下。

（1）打开"开直播"界面，在上方添加封面和标题，在右侧单击"设置"按钮，如图6-8所示。

（2）在打开的界面中开启"直播公告"选项，然后单击"开播时间"按钮，如图6-9所示。

（3）在打开的界面中设置预告直播时间和每周开播时间，然后单击"保存"按钮，如图6-10所示。

　　图6-8　单击"设置"按钮　　图6-9　开启"直播公告"选项　　图6-10　预告开播时间

（4）设置完成后，单击"开始视频直播"按钮。

（5）进入直播间，可以在直播间的贴纸中看到设置的直播时间，在下方的评论提醒中也可以看到设置的直播预告。

（6）此外，抖音个人主页的简介中也会显示直播时间预告。

6.2.6 直播间购物车商品管理

在抖音平台上直播带货时，需要将橱窗中的商品添加到购物车，便于在直播过程中对商品进行讲解或管理，具体操作方法如下。

（1）在抖音直播间下方单击"购物车"按钮，在打开的界面中单击"添加直播商品"按钮，

（2）进入"添加商品"界面，单击"添加"按钮，即可添加商品；单击"取消"按钮，可以取消商品的添加。完成商品添加后单击左上方的"返回"按钮。

（3）查看添加的直播商品，单击商品右下方的"讲解"按钮，表示主播正在讲解该商品。此时，看播端将弹窗展示正在讲解的商品。

（4）在界面右上方单击"管理"按钮，在打开的界面中通过拖动商品右侧的移动按钮，可以调整商品的排列顺序。选中商品后，可以对商品进行删除或置顶操作。单击下方的"添加"按钮，可以继续向直播间添加商品。

（5）除了在抖音 APP 管理直播商品外，还可以在 PC 端使用抖音账号登录巨量百应网站，在左侧选择"直播间商品"选项，在右侧对直播间的商品进行管理。

6.2.7 直播间互动方法

直播间的互动有助于提升直播间的人气，增强用户的参与感。

1. 直播间 PK 与连线

在直播间与其他主播连线 PK（挑战），或邀请抖音好友进行连线互动，都可以活跃直播间的氛围，具体操作方法如下。

（1）在抖音直播间界面左下方单击 按钮，如图 6-11 所示。

（2）弹出"发起 PK"界面，可以单击"随机匹配"按钮随机匹配主播，也可以单击"邀请 PK"按钮邀请好友进行 PK，如图 6-12 所示。单击"设置"按钮，可以进行 PK 设置，如图 6-13 所示。PK 连线成功后，直播间会显示自己和对方的直播窗口。

图 6-11　单击 按钮

图 6-12　发起"PK"

图 6-13　PK 设置

（3）在直播间左下方单击 按钮，在打开的界面中可以选择"观众连线"和"聊天室"两种连线模式，如图 6-14 所示。

（4）以"聊天室模式"为例，在打开的界面中可以选择接受用户连线的申请，也可以主动邀请直播间的用户连线，单击"邀请"按钮，如图6-15所示。

（5）连线成功即可与邀请的连线用户进行语音沟通。

图6-14　单击"聊天室"按钮

图6-15　单击"邀请"按钮

2. 直播间更多互动玩法

除了PK和连线外，抖音直播间还有很多玩法，能够使主播与用户进行充分的互动。下面以"福袋"功能为例进行介绍，具体操作方法如下。

（1）在直播间左下方单击 按钮，在"互动玩法"界面中单击"福袋"按钮 ，如图6-16所示。在打开的界面中设置抖币数量、福袋个数、倒计时、参与范围、参与方式等，然后单击"下一步"按钮，如图6-17所示。

图6-16　单击"福袋"按钮

图6-17　设置福袋

（2）输入口令内容，然后单击"发起福袋"按钮。

（3）此时，直播间的用户通过发送设置的口令即可参与抢福袋，倒计时结束后可以看到幸运用户名单。

6.2.8 直播间更多设置

抖音直播带货除了前面介绍的操作和玩法外，常用的还有设置屏蔽词、设置管理员及购买DOU+推广投放等，具体操作方法如下。

（1）在抖音直播间单击右下方的"更多"按钮 ，在打开的界面中单击"设置"按钮 ，如图6-18所示。

（2）在打开的界面中单击"+"按钮，即可添加屏蔽词，如图6-19所示。

图6-18 单击"设置"按钮

图6-19 添加屏蔽词

（3）在抖音直播间单击用户头像或评论中的昵称，在打开的界面中单击"管理"按钮，在弹出的选项中单击"设为管理员"按钮，即可将该用户设置为直播间管理员。直播间管理员有禁言、"拉黑"等权限，抖音直播间最多能设置5个管理员。

（4）在"更多"界面中单击"上热门"按钮 ，在打开的界面中选择下单金额，单击"支付"按钮，付款成功后即可为直播间进行"引流"，如图6-20所示。除了在直播间购买"DOU+"外，用户还可以在看播端购买"DOU+""加热"直播间。

（5）在"更多"界面中单击"话题"按钮 ，在打开的界面中可以参与话题或自定话题，以吸引更多对此话题感兴趣的用户观看直播，如图6-21所示。

图6-20 投放"DOU+"

图6-21 参与话题

课堂活动

活动题目	抖音直播实操
活动步骤	对学生进行教学分组,每3~5人为一个小组,以小组为单位实施活动
	小组成员拟定一个直播类型,如才艺直播、带货直播等,考虑需要确定的直播主题,填写表6-4
	选用合适的直播间互动方法(互动方法可以不止一种),并填写表6-5
	每个小组将实训结果进行整理,最终形成实训报告
	教师给予评价

表6-4 抖音直播实训项目

抖音直播主题	
开直播的流程及注意事项	

表 6-5　抖音直播间互动方法的特点对比

选用的互动方法	该互动方法的优势	该互动方法的劣势

注：在填写该表格时，可用"强""中""弱"来形容各个对比选项，也可以用自己的语言形容。

6.3　抖音直播电商案例深度解析

在抖音平台上，有很多网民观看乡村题材内容，具体介绍如下。

59.1% 的中国网民通过抖音观看乡村题材内容

随着抖音对下沉市场的渗透，四五线小城市和乡镇用户比例不断提升。"乡村风"的兴起，让我们看到了农村题材短视频的巨大潜力。

根据 iiMedia Research（艾媒咨询）数据显示，抖音、快手、B 站是中国网民观看乡村题材内容的主要平台，分别占比 59.1%、47.2% 和 37.4%，如图 6-22 所示。

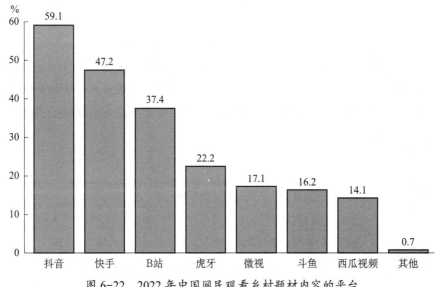

图 6-22　2022 年中国网民观看乡村题材内容的平台

乡村风的短视频吸人关注的原因在于用户对田园生活有着天然的向往，对有农村经历的人来说是怀旧，对久居城市的人而言可能是好奇。乡村题材内容关注度的提升有利于内容电商和直播电商深耕这一细分领域，带动农产品销售。

漱口水行业数据分析：58.2% 消费者通过抖音了解资讯

在这个万物皆通过互联网传播的时代，各大短视频、内容分享平台早已成为消费者了解资讯的重要渠道。

根据 iiMedia Research（艾媒咨询）数据显示，在众多渠道中，抖音是消费者了解漱口水资讯的最主要渠道，占比达 58.2%；其次是小红书、快手，各占 43.7%、41.1%；微博（36.2%）、朋友圈（34.9%）也是消费者了解资讯的重要渠道，如图 6-23 所示。

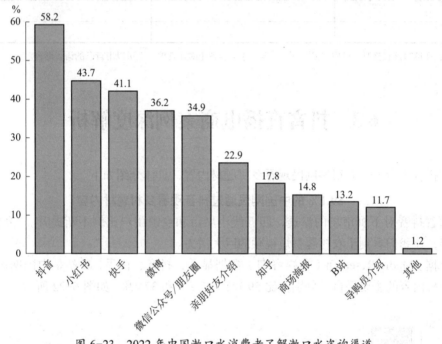

图 6-23　2022 年中国漱口水消费者了解漱口水咨询渠道

现如今，对于一部分人来说，漱口水仍是可有可无的口腔清洁产品，如何利用好各大视频、内容分享平台引导消费者突破固有观点，抓住消费者重视个人形象的心理、降低消费门槛，使其日常化、快消化，应当是今后口腔护理产品应当突破的关键所在。

课堂活动

活动题目	通过抖音直播成功案例总结分析经验
活动步骤	对学生进行教学分组，每3～5人为一个小组，以小组为单位实施活动
	小组成员对抖音平台直播客户及卖点进行分析，并填写表6-6
	分别调研"主持人王芳"和"颜家三千金"的抖音短视频，并填写表6-7
	登录淘宝APP，选出三个你认为做得比较好的抖音直播账号，并填写表6-8
	每个小组将结果提交给教师，教师对结果予以评价

表 6-6　三家企业客户及卖点对比

对 比 项 目	主持人王芳	颜家三千金	哈喽婷婷海鲜
客户是谁			
客户在哪里			
客户在做什么			
竞品名称			
客户需求			
产品卖点			

表 6-7　"主持人王芳"和"颜家三千金"抖音短视频调研

调 研 指 标	主持人王芳	颜家三千金
短视频类型		
从何处获知		
短视频切入点		
直播商品的特性		
口碑与承诺保障		

表 6-8　抖音直播账号分析

对 比 指 标	对象1	对象2	对象3
抖音直播账号名称			
侧重方向			
粉丝量			
营销效果评价			

▶▶ 本章考核检测评价

1. 谈谈你对抖音的认识。
2. 简述抖音平台的特点。
3. 请说明添加抖音精选联盟商品的步骤。
4. 简述直播间互动玩法有哪些。
5. 请说明个人抖音开通商品分享权限的条件。

第 7 章
快手电商平台实战

 **本章目标**

- ☑ 初步认识快手平台。
- ☑ 了解快手直播电商的生态特征。
- ☑ 掌握快手直播实操,并能够独立进行快手直播。
- ☑ 通过成功案例的学习,能够深度解析快手直播电商的成功之道。

 学习重点、难点

学习重点:
- ☑ 了解快手直播电商的生态特征。
- ☑ 掌握快手直播实操。

第 7 章 快手电商平台实战

学习难点：
通过成功案例的学习，深度解析快手直播电商的成功之道。

 本章引言

> 快手是互联网产业中一个典型的厚积薄发的产品，它以"记录世界记录你"为口号，坚持"以人为本、去中心化"的运营理念，面向下沉市场用户，营造"去中心化"的社区氛围，为直播电商营造了良好的运作基础，形成了因信任关系而实现主播带货的电商模式。在电商消费市场不断扩大的态势下，快手直播电商规模或将进一步扩大。

7.1 快手平台认知

快手的前身是"GIF 快手"，是一款用于制作、分享 GIF 图片的手机应用。2012 年 11 月，快手从纯粹的工具应用转型为短视频社区，成为用户记录和分享生产、生活的平台。后来，随着智能手机的普及和移动流量成本的下降，快手逐渐打开了市场。

知识拓展

快手是北京快手科技有限公司旗下的产品。2019 年 11 月，快手短视频携手春晚正式签约"品牌强国工程"强国品牌服务项目。快手成为中央广播电视总台 2020 年《春节联欢晚会》独家互动合作伙伴，开展春晚红包互动。

2021 年 2 月 5 日，快手正式在中国香港交易及结算所有限公司上市，首次公开募股融资规模为 54 亿美元。3 月 23 日，快手发布 2020 年第四季度及全年财报。快手 2020 年全年营收 587.8 亿元，市场预期 593.82 亿元。

7.1.1 快手平台的特点

快手是从一款 GIF 图片手机应用发展起来的，所以在早期，快手平台上的短视频的形式更类似于有声版的 GIF 图片，搞怪、搞笑主题的视频占比较高。与抖音"记录美好生活"和"潮""酷"的定位不同，快手坚持"每个人的生活都值得记录"的理念，以"记录世界记录你"为口号，鼓励用户上传各类原创生活视频。从日常生活到体育、二次元、教育、时尚、购物等内容，快手的多元内容几乎涵盖了每一个普通人的"日常和远方"。

快手平台的特点主要表现在以下两个方面。

快手平台的特点

（1）"普惠式"运营理念。快手的流量分发遵循"普惠"原则，快手一直坚持以普通用户为中心、坚持用户平等的观念，不会对任何名人或团体进行流量倾斜。因此，快手成为更多普通民众分享自己生活的乐园，而非追求潮流的时尚圈。

（2）"去中心化"流量分发模式。快手会基于用户社交关注点和兴趣点来调控和分发流量。系统向用户推荐的内容主要是用户关注的账号发布的短视频，因此，短视频账号发布了新的短视频后，关注了该账号的用户看到这个新短视频的概率会比较大。

这种流量分发模式虽然在一定程度上限制了短视频内容的辐射范围，但它有利于加深短视频账号与用户之间的联系，增强用户的黏性，让短视频账号沉淀私域流量，与高黏性用户形成信任度比较高的关系。

引例

2021 快手创作者生态报告

2021年，短视频和直播平台的内容创作似乎更趋向生活本身的真实和多元；同时，处于风口上的电商直播，也使创作者、品牌、机构、平台等多方更加紧密地合力共振。

作为中国短视频行业头部企业，快手在过去一年引人注目：年初与春晚达成独家合作，到董明珠直播带货、周杰伦入驻、自制短剧和综艺晚会，再到2021年上市、布局体育头部版权 IP 等，一系列动作无疑彰显出快手内容生态的新面貌。

2021年4月21日，快手大数据研究院与光合创作者大会联合发布《2021快手创作者生态报告》，展示40多个业务板块的近300个用户和机构案例，超100个运营活动及业务动态。

快手电商负责人笑古表示，2021年快手电商计划打造100个 GMV 超过10亿的合作伙伴，并将发布一系列红利计划，包括针对品牌、主播、服务商等不同角色的利好政策。

报告显示，2020年，超25%的快手应用平均月活跃用户为内容创作者，截至2020年9月30日止的9个月，有2300万用户在快手获得收入。

资料来源：https://www.sohu.com/a/462454837_211762，有改动。

7.1.2 快手直播电商的生态特征

依托去中心化的流量分发模式，快手具备较高的用户黏性和较浓厚的社区属性，主播可以通过短视频连接用户，与用户建立信任，积蓄流量池，赋能电商转化。具体来说，快手直播电商的生态特征如表 7-1 所示。

表 7-1 快手直播电商的生态特征

项 目	说 明
平台类型	短视频平台
平台特性	（1）基于高用户黏性，粉丝忠诚度高，商品转化率和复购率高； （2）扶持产业带直播，达人品牌崛起，主播自有供应链，商品更具价格优势
流量来源	偏私域
主要供应链	（1）自有电商平台：快手小店； （2）第三方电商平台：淘宝网、拼多多、京东商城、有赞、魔筷星选
带货商品属性	（1）以食品、日常生活用品、服装、鞋帽、美妆等商品为主； （2）商品性价比较高，非品牌商品居多
带货KOL属性	头部主播相对分散
带货模式	达人直播、打榜、连线等

课堂活动

活动题目	分析某一品牌产品的快手营销策略
活动步骤	对学生进行教学分组，每3~5人为一个小组，以小组为单位实施活动
	小组成员登录快手APP，以某一品牌为调查分析对象，分析该品牌的快手直播平台的营销策略，并填写表7-2
	针对表7-2中所列情景进行讨论，各小组将自己的答案写在表7-3中
	每个小组将结果提交给教师，教师予以评价

表 7-2 某一品牌快手营销策略

品牌名称			
该品牌包含的产品类型			
列举三款该品牌同一产品在不同快手直播间的价格对比	产品名称	快手直播间1价格	快手直播间2价格

续表

列举两款该品牌产品在不同快手直播间的促销策略	产品名称	快手直播间1策略	快手直播间2策略

表7-3 针对情景写出自己的答案

情景描述	某服装公司历史悠久，是一家北京老字号企业。在过去相当长的时期，销售业绩非常好，形成了广大的客户群。但由于服装市场竞争越来越大，目前的销售业绩有明显下滑的趋势。为了扭转这种被动局面，公司决定在传统服装的基础上加入时尚元素，同时切实搞好网络营销工作。为此，营销部经理把该项任务交给了新员工小王，要求他制订出快手平台的网络营销计划
问题	假如你是小王，你应该如何策划快手平台的网络营销方案
答案	

7.2 快手直播实操

下面将介绍如何通过快手直播进行带货营销，在开直播前需要先开通快手直播和快手小店，然后在快手小店中绑定收款账户、添加商品、管理商品，设置完成后即可在快手上直播带货。

7.2.1 开通快手直播

若要开通快手直播，需要申请直播权限，具体操作方法如下。

（1）打开并登录快手APP，在左上方单击■按钮，在打开的侧边栏中单击"设置"按钮，如图7-1所示。

（2）进入"设置"界面，在打开的界面中单击"开通直播"选项，如图7-2所示。

（3）在打开的界面中进行实名认证，如图7-3所示，输入真实姓名、身份证号等信息，同意协议并认证，然后单击"进入人脸核验"按钮。身份信息核验成功后，单击"完成"按钮，即可开通直播。

第 7 章 快手电商平台实战

  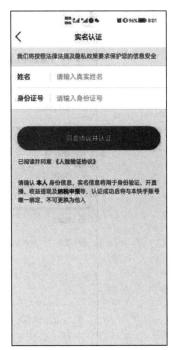

图 7-1 单击"设置"按钮　　图 7-2 单击"开通直播"选项　　图 7-3 单击认证

7.2.2　开通快手小店

快手小店是快手 APP 内上线的商家功能，为商家提供便捷的商品管理及售卖服务，支持多种收入方式，能够高效地将粉丝流量转化为收益。开通快手小店的具体操作方法如下。

（1）打开快手 APP，单击左上方的 ■ 按钮，在打开的侧边栏中单击"快手小店"按钮，如图 7-4 所示。

（2）进入"快手小店"界面，单击右上方的"我要卖货"按钮。可选择以主播身份或者供货商/品牌方模式加入快手电商，以主播身份加入后也可选择推广商品赚钱或卖自己的商品赚钱，确定加入模式后，单击对应框题的立即加入按钮，即可开通快手小店，如图 7-5 所示。

7.2.3　绑定收款账户

为了保障快手小店的商品能够正常销售，主播还需要绑定支付宝、微信收款账户，具体操作方法如下。

（1）打开快手小店，单击"佣金收入"按钮，如图 7-6 所示。

（2）进入"佣金收入"界面，单击上方的"查看收款账号"按钮，如图 7-7 所示。

（3）进入"查看收款账号"界面，即可在"微信"或"支付宝"选项右侧单击"立即绑定"按钮，如图 7-8 所示。

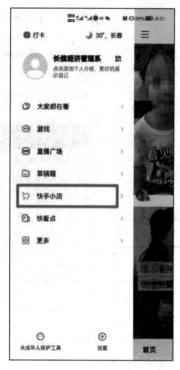

图7-4　单击"快手小店"按钮　　图7-5　单击"我要卖货"按钮

图7-6　佣金收入　　图7-7　查看收款账号　　图7-8　绑定收款账户

（4）绑定完成后，"绑定收款账户"界面会显示"资料校验中"，需要等待校验完成，一般需要数分钟时间。

第 7 章 快手电商平台实战

（5）微信账户校验完成后，单击"扫码签约"按钮。

（6）进入"微信签约"界面，将该界面中的二维码截图保存到手机相册。

（7）打开微信，扫描保存的二维码，打开"协议签署"界面，单击"确认开户意愿并签署"按钮。

（8）打开的界面中会提示"恭喜你已经完成签约"，单击"确定"按钮，即可完成微信账户的绑定。

7.2.4 添加快手小店商品

开通快手小店后，即可将商品添加到快手平台。如果想添加自己的商品，需要在"商品管理"分类下"添加商品"；如果没有自己的商品，可以在好物联盟中添加"选品中心"商品进行推广，以赚取佣金。

1. 添加自己的商品

在快手小店添加自己的商品，具体操作方法如下。

（1）打开快手小店，单击"全部应用"按钮，如图 7-9 所示。

（2）进入"全部应用"界面，单击"添加商品"选项，如图 7-10 所示。

（3）进入"添加商品"界面，商品发布前，需要进行店铺升级，如图 7-11 所示。进一步选择"立即开店"，如图 7-12 所示。进入"立即开店"界面后，单击"人脸验证并入驻"按钮，完成后即可升级成个人店，如图 7-13 所示。

图 7-9　单击"全部应用"按钮

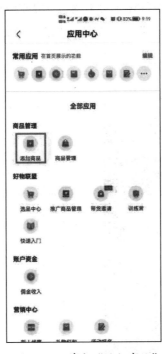

图 7-10　单击"添加商品"选项

图 7-11　店铺升级

图 7-12　单击"立即开店"按钮　　图 7-13　人脸验证并入驻

（4）个人店升级完成后，发布商品前还需"完善经营者信息"，如图 7-14 所示。单击"去完善"按钮后，进入界面添加经营者联系方式，如联系人、手机号、所在地区、详细地址等，然后单击下方的"提交"按钮，如图 7-15 所示。

图 7-14　单击"去完善"按钮　　图 7-15　完善经营者信息

（5）弹出的信息提示框中勾选同意选项并单击"同意"按钮，即可完善快手小店。

（6）进入"添加商品"界面，单击"商品类别"选项。选择对应的商品类别，如选择女包、化妆品等。

（7）弹出的信息提示框中会显示销售该类别商品需要缴纳相应的保证金，单击"去缴纳"按钮。

（8）进入"缴纳店铺保证金"界面，单击"立即支付"按钮。

（9）选择支付方式，支付保证金。

（10）返回"添加商品"界面，输入商品标题、商品详情，并添加商品主图和商品详情照片。

（11）在该界面下方设置库存、单价、发货时间、限购等信息，然后单击"提交审核"按钮。

（12）打开的界面中会提示"提交审核成功"。

（13）在快手小店中单击"商品管理"按钮，进入"快手商品"界面，可以看到商品的状态为"审核待修改"，单击"编辑"按钮。

（14）进入"编辑商品"界面，查看修改建议，根据修改建议对商品信息进行重新编辑，然后单击"提交审核"按钮。

（15）审核通过后，"在售"选项下就会显示该商品。

2. 选品中心添加商品

除了上传自己的商品外，快手小店还支持添加好物联盟的商品，以获取推广佣金。添加推广商品的具体操作方法如下。

（1）在快手小店"好物联盟"选项区中单击"选品中心"按钮，如图7-16所示。

（2）在打开的界面中，界面上方可以选择商品分类，如单击"食品"按钮。进入界面后，参考产品的佣金金额及佣金比例，确定适合的产品，单击加入货架，如图7-17所示。

 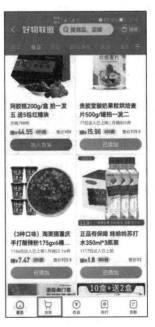

图7-16　单击"选品中心"按钮　　图7-17　选择商品分类

(3)也可在"好物联盟"页面下方选择"货架"按钮,在打开的界面中单击右上角的"推广管理"按钮,如图7-18所示。

(4)在打开的界面中单击"下一步"按钮,如图7-19所示。

(5)进入"推广管理"界面,单击"快手"按钮,然后单击"立即开通"按钮即可开通快手商品推广功能,查看生成的快手联盟PID,如图7-20所示。

图7-18 单击"推广管理"按钮

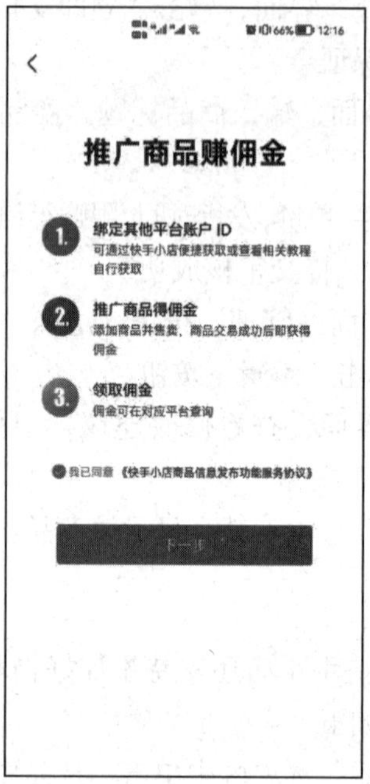

图7-19 单击"下一步"按钮

图7-20 生成快手联盟PID

(6)继续选择要推广的商品平台,如"淘宝""京东""有赞""魔筷"等。在此以"京东"为例,单击"绑定京东联盟PID"按钮。

(7)在打开的界面中登录京东账号,单击"同意协议并绑定"按钮。

(8)同意绑定后界面显示京东联盟PID绑定成功,单击"返回"按钮。

(9)返回添加商品界面,添加所需要推广的商品。

(10)要添加其他平台的商品,除了绑定账号PID外,还需要缴纳500元的保证金。在快手小店的"基本工具"选项区中单击"保证金"按钮,进入"保证金"界面,在上方选择"其他平台商品"选项,单击"缴纳推广保证金"按钮进行支付即可。

知识拓展 → 在PC端管理快手小店

除了在快手APP上管理快手小店外,PC端同样有商家管理后台,可以对快手小店进行订单管理、商品管理及物流管理,而且有些操作只能在PC端处理,如批量处理订单、新增运费模板等,具体操作方法如下。

(1)在PC端打开快手电商网站并登录快手账号,进入快手小店后台。在左侧选择"订单查询"选项,在右侧可以批量导出订单,或批量导入发货单。

（2）在左侧选择"商品列表"选项，在右侧可以对小店中的商品进行新增、删除、下架上架、编辑等操作。

（3）左侧选择"运费模板"选项，在右侧单击"新增运费模板"按钮。

（4）在打开的页面中输入模板名称、发货地址、发货时间及包邮地区。

（5）继续设置不包邮地区的运费计费方式，设置完成后在页面下方单击"确定"按钮。

（6）在弹出的信息提示框中确认运费模板信息，单击"确定"按钮。

（7）运费模板添加完成后，在编辑商品信息时可以看到设置的运费模板。

（8）在快手APP端编辑商品时，同样可以根据需要选择运费模板。

7.2.5　快手直播间设置

下面将介绍如何设置快手直播间，如开启直播间卖货功能、添加背景音乐、添加贴纸、开启互动、直播推广等，具体操作方法如下。

（1）在快手APP右下方单击"金牌红包"按钮进入拍摄界面，如图7-21所示。在上方选择"视频"选项，如图7-22所示。上传直播封面，输入标题，然后选中"赚钱"复选框中的"直播卖货"，如图7-23所示。单击"开始视频直播"按钮，如图7-24所示。

图7-21　单击"金牌红包"按钮

图7-22　选择"视频"选项

图 7-23 单击"赚钱"按钮　　图 7-24 单击"直播卖货"按钮

（2）进入快手直播间，在下方单击"音乐"按钮，如图 7-25 所示，在打开的界面中单击"背景音乐"按钮，如图 7-26 所示。在打开的界面中选择音乐类型，单击音乐右下角的"播放"按钮，即可在直播间播放音乐，如图 7-27 所示。

图 7-25 单击"音乐"按钮　　图 7-26 单击"背景音乐"按钮　　图 7-27 选择音乐类型

（3）单击直播间下方的"装饰"按钮，如图 7-28 所示，在打开的界面中选择喜欢的贴纸，如图 7-29 所示，拖动贴纸可以调整其位置。

（4）单击直播间右下方的"更多"按钮，在弹出的"更多"界面中可以对直播间进行更多设置，如发红包、发表评论、设置直播心愿等。单击右下方的"直播间设置"按钮，可以在打开的界面中设置敏感词、设置管理员、设置红包、设置进场提示等。同时，还可以在"更多"界面中单击"直播推广"按钮，开启付费直播推广，通过付费推广让更多的用户进入直播间，如图 7-30 所示。

图 7-28　单击"装饰"按钮　　　图 7-29　选择贴纸　　　图 7-30　"更多"界面

7.2.6　直播间售卖商品

下面将介绍如何在快手直播过程中添加要售卖的商品，并设置商品营销活动，具体操作方法如下。

（1）在快手直播间下方单击"售卖商品"按钮，在打开的界面中单击"商品管理"按钮。

（2）打开的界面中选择要售卖的商品，然后单击右上方的"确定"按钮。

（3）此时，即可完成商品的添加。单击"开始讲解"按钮，即可对该商品进行讲解。

（4）再次单击"商品管理"按钮，在打开的界面中选择优惠活动，如单击"新人优惠"选项，打开的界面中单击"创建新人优惠券"按钮，进入"创建新人专享券"界面，设置优惠金额、满多少可用、有效期限、适用范围、参与商品等，然后单击"立即创建"按钮。

（5）此时，即创建完直播间新人专享优惠券。继续单击"创建多件优惠"按钮，进入"创建多件优惠"界面,设置开始时间、结束时间及优惠方式(在此选择"打折"),然后单击"开始优惠"按钮。

(6)在弹出的提示信息框中确认优惠方式,单击"继续提交"按钮,即可创建多件优惠。

课堂活动

活动题目	快手直播实操	
活动步骤	对学生进行教学分组,每3~5人为一个小组,以小组为单位实施活动	
	小组成员拟定一个直播类型,如才艺展示、带货直播等,考虑需要确定的直播主题,填写表7-4	
	选用合适的直播间观察其直播间的修饰(修饰内容可以不止一种),并填写表7-5	
	每个小组将实训结果进行整理,最终形成实训报告	
	教师给予评价	

表 7-4 快手直播实训项目

快手直播主题	
开直播的流程及注意事项	

表 7-5 快手直播间修饰的特点对比

直播间类型	该直播间修饰的优点	该直播间修饰的缺点

本章考核检测评价

1. 谈谈你对快手的认识。
2. 简述快手平台的特点。
3. 请说明如何在快手直播过程中添加要售卖的商品,并设置商品营销活动。
4. 谈谈你对快手小店的认识。
5. 请说明什么是"普惠式"运营理念。

第 8 章
其他电商平台实战

 **本章目标**

- ☑ 初步认识淘宝、小红书、拼多多、唯品会等平台。
- ☑ 了解区分淘宝、小红书、拼多多、唯品会等平台不同的直播电商的生态特征。
- ☑ 掌握淘宝、小红书、拼多多、唯品会等平台直播实操,并能够独立进行直播。

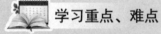 **学习重点、难点**

学习重点:
- ☑ 区分淘宝、小红书、拼多多、唯品会等平台不同的直播电商的生态特征。
- ☑ 掌握淘宝、小红书、拼多多、唯品会等平台直播实操。

学习难点：
独立进行淘宝、小红书、拼多多、唯品会等平台直播实操。

 **本章引言**

　　直播电商是近年来发展迅速的一种电子商务的形式，它大大缩短了供应链和需求链，为用户带来丰富、及时、实时的购物体验。直播电商拥有互动性、专业性与高转化率等优势，在带动就业、促内需、稳增长等方面起到不可替代的作用。各大电商平台纷纷开通了直播业务模块，商家和带货网红们创造出了电商+直播的新型卖货方式。

8.1　淘宝电商平台

　　淘宝直播是阿里巴巴网络技术有限公司推出的消费生活类直播平台，也是新零售时代体量巨大、消费量与日俱增的新型购物场景，更是千万商家店铺运营、互动、营销的利器。随着商家、主播、消费者全方位拥抱淘宝直播，直播电商内外部发展条件逐渐成熟，淘宝直播将推动电商经济持续增长。

8.1.1　淘宝直播认知

　　早在2016年，淘宝网就推出了淘宝直播，依托淘宝网强大的供应链资源，淘宝直播获得了飞速发展，淘宝直播的核心用户数量持续增长，核心用户在淘宝直播的每日停留时长近1小时。经过近几年的快速发展，拥有诸多头部和腰部主播以优质供应链的淘宝直播正在迎来带货量的井喷式发展。2021年1月12日，淘宝内容电商事业部在阿里巴巴西溪园区举办了新年后的第一次淘宝直播机构大会，为我们带来了关于淘宝直播的升级信息。淘宝直播将升级为点淘APP。

知识拓展

　　在1月12日的淘宝直播机构大会上，淘宝直播APP全面升级，孵化"点淘"APP正式发布。据点淘负责人程道放介绍，淘宝直播升级为"点淘"后，把slogan定为：点你所爱，淘你喜欢。这就能展现出点淘平台内产品的全面性，让消费者在一个APP里就实现种草、搜索、购买的闭环。点淘有以下两个特性。

　　（1）点淘采取了短视频加直播的双核模式，让内容成为连接用户与服务的关键。从业者们可以通过短视频做内容种草、粉丝蓄水、公域破圈、人设塑造，再到直播生态中达成粉丝召回、即时互动、刺激购买。

（2）点淘将上线独有的"点一点"按钮。当消费者在视频中看到感兴趣的商品时，可以通过"点一点"链接到相关产品，大大缩短了从视频内容到购买的路径。

能够看到，点淘在传统电商直播的模式下做出了升级，对内容的侧重性也更强。在此前点淘的"光芒计划"上也可以看出，内容生产开始逐渐成熟，走向专业化生产的路线。

1. 淘宝直播的生态特征

淘宝直播有两个入口：一是手机淘宝APP的"淘宝直播"入口，如图8-1所示；二是点淘APP。点淘APP是阿里巴巴网络技术有限公司纯粹为电商直播打造的独立客户端，它组建了全新的直播生态，用户登录点淘APP后，所有的成交都可以在点淘APP内部完成，无须跳转至淘宝网。点淘APP首页如图8-2所示。

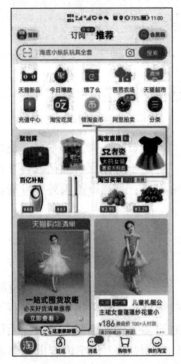

图 8-1　手机淘宝的"淘宝直播"入口

图 8-2　点淘 APP 首页

淘宝平台强大的供应链体系为淘宝直播的飞速发展奠定了坚实的基础，淘宝直播电商的生态特征如表8-1所示。

表 8–1　淘宝直播电商的生态特征

项　目	说　明
平台类型	电子商务平台，具有完善的供应链和运营体系
用户特性	基于淘宝生态圈，用户的购物属性强
流量来源	（1）平台公域流量来源：手机淘宝APP首页、独立的点淘APP； （2）私域流量来源：店铺微淘主页、店铺首页等； （3）站外流量来源：微博、微信公众号等

续表

项　　目	说　　明
主要供应链	淘宝、天猫
带货商品属性	（1）强体验性商品、消耗品受益较大； （2）在用户侧，观看服饰类商品直播的用户占比最多，观看珠宝类商品直播、亲子类商品直播、美食类商品直播、美妆类商品直播的用户数紧随其后； （3）在主播侧，服饰穿搭和珠宝的直播场次位居前列，大牌馆、全球购等综合性直播场次较少，但场均每小时观看人数较多
带货KOL属性	头部主播高度集中
带货模式	商家自播和达人导购

2. 淘宝直播流量分配规则

不管是传统电商，还是直播电商，流量都是绕不开的话题，淘宝直播也不例外。因此，运营淘宝直播，了解淘宝直播的流量分配规则是非常必要的。

淘宝直播流量
分配规则

淘宝直播流量分配主要有以下4个规则。

（1）标签竞争。淘宝直播标签是阿里巴巴网络技术有限公司推出的一款快捷的导购推广服务。在直播间里，主播和商家可以为自己的商品添加各种能够吸引用户的标签，以此获得更加精准的流量，提高直播的转化率。

主播为直播打上标签，其实是在为淘宝直播官方和用户精准定位自己的直播属性，淘宝直播官方会根据主播所选择的标签为其匹配对应的流量。从淘宝直播官方的角度来说，同一个标签使用的人多了，在分配流量时可以选择的范围也就多了，在流量总量不变的情况下，同一标签下每个主播能分到的流量就会变少。因此，对于主播来说，在标签维度下需要与竞争对手进行流量的争夺。

（2）主播等级竞争。淘宝直播的主播等级反映了主播的影响力，主播的等级越高，所获得的直播权益也就越多，被淘宝直播官方、粉丝看到的机会也就越大，自然而然也就能获得更多官方流量的支持。

（3）活动排名。淘宝直播官方会举办各种主题的直播活动、排位赛等，主播在这些活动中表现得越优秀，排名就越靠前，就越能证明主播有实力。从淘宝直播官方看来，这样的主播没有浪费官方为其提供的流量，在他们身上获得的投资回报率较高，所以在分配流量时会更加偏爱这些主播。

（4）直播内容建设。直播内容也是淘宝直播官方分配流量的参考因素之一。淘宝直播官方评判直播内容的主要依据有5个，如表8-2所示。

表8-2　淘宝直播官方评判直播内容的主要依据

评判依据	释　　义	考察的内容
内容能见度	直播内容能覆盖用户的广度主要是通过直播间浮现权重和微淘触达的人群来进行评判的。直播内容覆盖的用户人群越广，内容能被看见的概率就越大	直播间的"引流"推广能力

续表

评判依据	释义	考察的内容
内容吸引力	单位时间内粉丝在直播间里停留的时长，是否产生购买行为，是否做出互动动作（评论、点赞、分享等）	直播间商品的构成、直播氛围和主播的吸引力
内容引导力	把粉丝留在直播间，并将其引导进入店铺主动了解商品的能力	主播的控场能力和引导用户下单的能力
内容获客力	直播内容引导用户进入店铺并产生购买行为的能力	直播间商品性价比和主播直播语言技巧对用户的吸引力
内容转粉力	将只是短暂停留在直播间的用户变成有目的、停留时长长的粉丝的能力	主播是否能持续输出内容，直播间内商品的性价比，以及主播的直播能力

因此，合理地运用直播标签、提高自身等级、在官方活动中表现优秀、做好直播内容建设是淘宝主播赢得流量的核心策略。

引例

2021年天猫618淘宝直播增长强劲：1小时成交超2020年全天

2021年6月1日零点，淘宝直播的主播和商家们将天猫618开卖的氛围推向高潮。开场仅1小时，淘宝直播成交就超过2020年618全天！

品牌店铺自播在2021年618实现爆发，自播成交比2020年同期增长超100%。截至2021年6月1日上午11点，小米、雅诗兰黛、格力、兰蔻、华为、欧莱雅等店铺自播成交都已突破1000万元，成交超千万元的店铺直播间数量是2020年同期的两倍多，涵盖了3C数码、大小家电、美妆护肤、家装等多个行业。

5月31日晚上，在淘宝上点开任意一家店铺，几乎都会显示"该店铺正在直播中"。像雅诗兰黛、芝华仕这些品牌直播间，基本都连播超过10小时，有的甚至长达22小时。多位主播轮番上阵，发放专属权益、优惠券、回答粉丝问题，店铺主打商品基本都在直播间里挂上了链接。火星人集成灶副总裁胡明义、林氏木业副总裁李承泽等十多位总裁也出现在自家直播间。据统计，天猫618期间有600多位总裁、明星上阵淘宝直播带货，其中不乏1919董事长杨陵江等行业大咖。

2021年天猫618期间，淘宝直播共计发放7亿红包，进直播间就能领，金额最高有188元。边看边买已经成为剁手党们过大促的标准姿势。

资料来源：https://baijiahao.baidu.com/s?id=1701354590933600259&wfr=spider&for=pc，有改动。

8.1.2 淘宝直播运营实操

淘宝直播基于淘宝平台自身的品牌、流量、商家和商品库，通过帮助主播、商家向用户提供实时互动的视频内容，创造了有吸引力的消费场景，已经成为直播营销的重要渠道。下面介绍淘宝直播运营的操作方法。

1. 开通淘宝直播权限

淘宝卖家要开通淘宝直播，可以在手机淘宝 APP 中单击"淘宝直播"版块，进入"淘宝直播"后申请主播入驻，还可以下载"淘宝主播 APP"，登录账号后申请主播入驻。申请成为淘宝主播后，可以登录千牛工作台查看账号的直播权限，具体操作方法如下。

（1）使用淘宝账号在 PC 端登录千牛工作台，依次单击"自运营中心"，单击"淘宝直播"。

（2）打开淘宝直播页面，单击页面上方的"我的权限"，查看该账号是否拥有淘宝商家的直播权限。如果未开通，可以打开淘宝主播 APP，申请主播入驻。

2. 创建淘宝直播预告

创建直播预告可以让用户提前了解直播内容，同时便于系统选择优质直播内容进行包装推广及在直播广场扶优。创建淘宝直播预告的具体操作方法如下。

（1）打开淘宝主播 APP 并登录淘宝账号，如图 8-3 所示。

（2）单击界面下方中间的"开直播"按钮，进入界面后单击右下角的"发预告"选项，如图 8-4 所示。

图 8-3 登录淘宝主播 APP

图 8-4 单击"发预告"选项

图 8-5 设置直播信息

（3）在打开的界面中上传封面，设置直播标题、直播时间、内容简介等信息，然后单击"频道栏目"选项，如图8-5所示。

（4）在打开的界面中选择要带货的商品所属栏目，如图8-6所示。

（5）在打开的界面中选择添加宝贝，选择本店的商品，然后单击"确认"按钮，如图8-7所示。

（6）完成商品的添加后单击"发布预告"按钮，如图8-8所示。

图8-6　选择栏目　　　　图8-7　选择商品　　　　图8-8　单击"发布预告"按钮

3. 在手机端进行淘宝直播

在开始淘宝直播之前，应确保手机连接了稳定的无线网络或移动网络，手机设定中允许手机淘宝使用话筒。下面将介绍如何在手机端进行淘宝直播，具体操作方法如下。

（1）在"我的直播"列表中查看创建的直播预告，单击"开始直播"按钮，进入直播预览界面，单击"开始直播"按钮。

（2）进入直播界面，如图8-9所示。在下方单击"推广"按钮，进入界面后单击"分享直播间"按钮，如图8-10所示。生成分享海报，可以分享给微信、QQ、支付宝中的用户，如图8-11所示。

（3）在直播界面下方单击"上架"按钮，在打开的界面中选择商品，在此选择购物车中的商品进行代播。主播除了添加本店商品进行直播带货外，还可以添加购物车商品、已购买商品或最近浏览的商品进行代播。

（4）在直播界面下方单击最左侧的购物袋按钮，在打开的界面中可以查看直播商品列表。

图8-9 直播预览界面

图8-10 单击"分享直播间"按钮

图8-11 分享直播

（5）在直播界面下方单击"互动"按钮，在打开的界面中可以进行直播间的各种互动，如粉丝连麦、主播连麦、福利抽奖等，有助于增加直播间人气，如图8-12所示。单击"主播连麦"按钮，输入其他主播ID即可与其他主播进行连麦，如图8-13所示。

图8-12 单击"互动"按钮

图8-13 主播连麦请求

（6）在直播界面下方单击"更多"按钮，在打开的界面中可以对淘宝直播进行更多的操作，如图 8-14 所示。以"通知粉丝"功能为例，在此单击"通知粉丝"按钮，如图 8-15 所示。在弹出的提示信息框中单击"确定"按钮，可以将直播信息推送给粉丝，如图 8-16 所示。

图 8-14　单击"更多"按钮　　图 8-15　单击"通知粉丝"按钮　　图 8-16　确认通知粉丝

知识拓展　在 PC 端管理淘宝直播

在 PC 端通过淘宝直播的中控台可以对直播进行管理，具体操作方法如下。

（1）在 PC 端打开淘宝直播页面，在左侧选择"我的直播"选项，在右侧可以看到正在进行的直播，单击"进入中控台"。

（2）在打开的页面中可以看到淘宝直播画面和实时数据。

（3）在直播画面下方的互动面板中可以进行所需的直播操作。例如，若要添加直播商品，可以单击"宝贝"按钮，在弹出的"宝贝"对话框中选择要添加的商品，单击右下方的"确认"按钮，此时，即可将所选商品添加到直播商品列表中。

（4）在"宝贝"对话框上方选择"添加链接"选项，粘贴商品在淘宝网上的网址，然后单击"获取宝贝"按钮，单击找到的商品，即可将其添加到直播商品列表中。

（5）如果要在直播间投放优惠券、红包、淘金币等，可以在互动面板中单击"权益投放"按钮，在弹出的对话框中单击"选择权益"按钮，然后根据对话框向导创建所需的权益类型，并投放到直播间即可。

（6）在互动面板中单击"抽奖"按钮，在弹出的对话框中设置淘宝直播抽奖信息，然后单击右下方的"开始抽奖"按钮,即可设置直播间抽奖。

课堂活动

活动题目	分析某一品牌产品的淘宝营销策略
活动步骤	对学生进行教学分组,每3~5人为一个小组,以小组为单位实施活动
	小组成员登录快手APP,以某一品牌为调查分析对象,分析该品牌的淘宝直播的营销策略,并填写表8-3
	针对表8-3中所列情景进行讨论,各小组将自己的答案写在表8-4中
	每个小组将结果提交给教师,教师予以评价

表 8-3　某一品牌淘宝营销策略

品牌名称			
该品牌包含的产品类型			
列举三款该品牌同一产品在不同淘宝直播间的价格对比	产品名称	淘宝直播间1价格	淘宝直播间2价格
列举两款该品牌产品在不同淘宝直播间的促销策略	产品名称	淘宝直播间1策略	淘宝直播间2策略

表 8-4　针对情景写出自己的答案

情景描述	某服装公司历史悠久,是一家北京老字号企业。在过去相当长的时期,销售业绩非常好,形成了广大的客户群。但由于服装市场竞争越来越大,目前的销售业绩有明显下滑的趋势。为了扭转这种被动局面,公司决定在传统服装的基础上加入时尚元素,同时切实搞好网络营销工作。为此,营销部经理把该项任务交给了新员工小王,要求他制订出淘宝平台的网络营销计划
问题	假如你是小王,你应该如何策划淘宝平台的网络营销方案
答案	

8.2 小红书电商平台

小红书始终给人一种"站在互联网之外"的感觉。重内容,可以做成中国版的Instagram;重电商,可以做成独特的私域电商模式。小红书始终想找到一个从内容切入交易的理想路径,如今电商是观察小红书另一个必需的窗口。

8.2.1 小红书直播认知

小红书APP是年轻人的生活方式平台。在这里发现真实、向上、多元的世界,找到潮流的生活方式,认识有趣的明星、创作者;在这里发现海量美妆穿搭教程、旅游攻略、美食健身日常,还有更多生活方式等你发现。来小红书,标记你的生活,一起分享和发现世界的精彩!

2019年6月初,小红书开通直播内测,它的直播策略更偏向于素人直播,即和抖音、快手、淘宝直播不同的是,小红书并没有培养大型主播,而从直播的位置来看,小红书对于直播呈现谨慎的态度,主要在私域场内展开对应业务。尽管如此,根据招股书显示,在其20%的营收内,直播电商的数字比重正在越来越大。

> **知识拓展**
>
> 小红书是一个生活方式平台和消费决策入口,创始人为毛文超和瞿芳。截至2019年7月,小红书用户数已超过3亿;截至2019年10月,小红书月活跃用户数已经过亿,其中70%新增用户是"90后"。在小红书社区,用户通过文字、图片、视频笔记的分享,记录了这个时代年轻人的正能量和美好生活,小红书通过机器学习对海量信息和人进行精准、高效匹配。小红书旗下设有电商业务,2017年12月,小红书电商被《人民日报》评为代表中国消费科技产业的"中国品牌奖"。
>
> 2019年6月,小红书入选"2019福布斯中国最具创新力企业榜"。2020年1月,胡润研究院发布《2019胡润中国500强民营企业》,小红书以市值200亿元位列第367位;8月,《苏州高新区·2020胡润全球独角兽榜》发布,小红书排名第58位。

1. 小红书平台的特点

小红书平台主要有以下4个特点。

(1)内容社区。和其他电商平台不同,小红书是从社区起家。一开始,用户注重于在社区里分享海外购物经验,到后来,除了美妆、个护外,小红书上出现了关于运动、旅游、家居、旅行、酒店、餐馆的信息分享,触及了消费经验和生活方式的方方面面。

小红书作为一个生活方式社区,其最大的独特性就在于,大部分互联网社区更多是依靠线上的虚拟身份,而小红书用户发布的内容都来自于真实生活,一个分享用户必须具备丰富的生活和消费经验,才能有内容在小红书分享,继而吸引粉丝关注。

(2)产品电商。小红书福利社的上线旨在解决海外购物的一个难题——买不到。小红书以累积的海外购物数据,分析出最受欢迎的商品及全球购物趋势,并在此基础上把全世界的好东西以最短的路径、最简洁的方式提供给用户。

小红书电商的独特性在于:第一,口碑营销。没有任何方法比真实用户口碑更能提高转化率,就如用户在淘宝上买东西前一定会去看用户评论。小红书有一个真实用户口碑分享的社区,整个社区就是一个巨大的用户口碑库。第二,结构化数据下的选品。小红书的社区中积累了大量的消费类口碑,就好像几千万用户在这个平台上发现、分享全世界的好东西,此外,用户的浏览、点赞和收藏等行为,会产生大量底层数据。通过这些数据,小红书可以精准地分析出用户的需求,保证采购的商品是深受用户推崇的。

(3)正品自营。小红书与多个品牌达成了战略合作,还有越来越多的品牌商家通过品牌号在小红书销售。品牌授权和品牌直营模式并行,确保用户在小红书购买到的都是正品。小红书在29个国家建立了专业的海外仓库,在郑州和深圳的保税仓设立了产品检测实验室。用户如有任何疑问,小红书会直接将产品送往第三方科研机构进行光谱检测,从源头上将潜在风险降到最低。

小红书设立保税仓备货,主要出于三个考虑。首先,它缩短了用户与商品之间的距离。如果通过海外直邮等模式,用户动辄要等一个月才能收到货,而在小红书,用户下单后大概两三天就能收到。其次,从保税仓发货也可以打消用户对产品质量的顾虑。在这里,中国海关会对所有进口商品进行清点、检验、报关,在缴税后才放行。最后,大批量同时运货也能节省跨境运费、摊薄成本,从而降低消费者为买一件商品实际付出的价格。在刨去中间价和跨境运费之后,小红书基本能做到所售商品价格与其来源地保持一致,甚至有时还会因为出口退税等原因,低于当地价格。

小红书从诞生伊始,就根植于用户信任。因为,无论是从正品、送货速度,还是外包装上,缔造用户信任,创造良好的用户体验是一贯坚持的战略。

(4)品牌活动。小红书创立于6月6日。因此,在每年的6月6日,小红书会推出一系列大型周年庆促销活动,也是小红书全年促销力度最大的时间段之一。

小红书的另一个节日活动,即红色星期五。熟悉海外市场或经常海淘的人可能对"黑色星期五"这个说法更熟悉,也是美国非官方的圣诞购物季的启动日。在这一天,美国的商场都会推出大量的打折和优惠活动,以在年底进行最后一次大规模的促销。小红书将其移植到国内,结合自身独特的红色元素,推出"红色星期五"大促。

2. 小红书直播电商的生态特征

小红书作为一个生活方式社区,聚焦发现真实、向上、多元的世界和找到潮流的生活方式。具体来说,小红书直播电商的生态特征如表8-5所示。

表 8-5 小红书直播电商的生态特征

项　目	说　　明
平台类型	内容分享电商平台
用户特性	聚焦于享受生活，追求生活品质的年轻女性用户，海外购物属性强
流量来源	平台私域流量为主，站外流量为辅
主要供应链	海外直采、自营保税仓
带货商品属性	时尚消费品、高端消费品、美妆日用品占比较高
带货KOL属性	头部主播较少，较为分散
带货模式	达人通过短视频或种草日记积累粉丝，然后通过短视频或直播带货实现变现

8.2.2　小红书创建直播实操

若要开通小红书直播，需要申请直播权限，具体操作方法如下。

（1）首先打开小红书APP，进入操作界面，如图8-17所示。

（2）单击界面右下角的"我"按钮，如图8-18所示。

（3）进入界面后，找到设置键进入查看操作，如图8-19所示。

图 8-17　打开小红书APP

图 8-18　单击"我"按钮　　图 8-19　单击设置键

（4）在操作界面，选择"功能申请"按钮，单击进入，如图8-20所示，单击"开通直播"按钮。

（5）进入界面后，跟随指引完成相关信息的填写，最后单击开通即可完成操作，如图 8-21 所示。直播开通后，小红书用户可以随时开启直播。

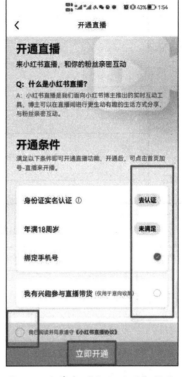

图 8-20　单击"开通直播"按钮　　　图 8-21　单击"立即开通"按钮

知识拓展

小红书开通直播功能应满足以下三个条件：绑定手机号；完成大陆身份证实名认证；年满 18 周岁。

课堂活动

活动题目	小红书直播实操
活动步骤	对学生进行教学分组，每3～5人为一个小组，以小组为单位实施活动
	小组成员拟定一个直播类型，如美妆直播、旅拍直播等，考虑需要确定的直播主题，填写表8-6
	选用合适的直播间分析其直播间的优劣势，并填写表8-7
	每个小组将实训结果进行整理，最终形成实训报告
	教师给予评价

表 8-6 小红书直播实训项目

小红书直播主题	
开直播的流程及注意事项	

表 8-7 小红书直播间的优劣势

直播间类型	该直播间的优点	该直播间的缺点

8.3 拼多多电商平台

拼多多于 2015 年正式上线。拼多多的六年是神奇的六年，从出现开始的好好学生到上市风波后的负面缠身，拼多多一直顶着大众不看好的目光走到现在，一年用户量破亿，三年上市，六年用户量跃居电商行业第一，拼多多的用户量稳定、快速地年年刷新新纪录。

8.3.1 拼多多直播认知

2019 年 11 月 27 日晚上 8 点，拼多多 APP 以"百亿品牌补贴"为入口，持续了数小时的直播首秀。拼多多把"拼着买才划算"的理念植入搬进了直播间，像是在直播间里参与发起了"砍一刀"。这和淘宝直播中,一群人在直播间里一起抢券,一起抢购商品的氛围形成了鲜明差异。直播带货为代表的内容形态,正以颠覆式的影响力刷新大众对新消费方式的认知。在人口红利渐失,移动互联网进入存量时代的关键时点,内容泛娱乐,对提升流量、降低获客成本等方面效果突出的直播,成了平台必争的入口。

知识拓展

拼多多是国内移动互联网的主流电子商务应用产品,是专注于C2M拼团购物的第三方社交电商平台,成立于2015年9月,用户通过发起和朋友、家人、邻居等的拼团,可以以更低的价格拼团购买优质商品。

1. 拼多多平台的特点

拼多多平台主要有以下4个特点。

(1)新电子商务。拼多多定义了五个新电子商务的要素:自发购物、加深对用户的了解、购物行为中的社交元素和加强供应链管理。这其中所谓新,主要与"传统基于搜索的'库存指数'模式"比较。拼多多提供的是"虚拟集市",买家在平台上可以浏览和探索各种产品,同时相互交流。消费过程中社交原本就是自然的因素,以前用户通过论坛、评论交流,后来在微信、微博、群、朋友圈交流。拼多多新电子商务在于利用微信的红利,把消费的全过程与社交无缝融合,开创了新团购的模式。

此外,拼多多实现了C2B的定制,这是以前所有制造企业梦寐以求的事情,不过直到今天,只有拼多多做到了,实现了规模的C2B定制。

(2)价格诱人的商品。价格是拼多多的核心竞争力。价格诱人是拼多多的护城河,在拼多多用户的认知中,价格便宜占第一位,但是价格诱人除了初始的价格,拼多多的优势在于提供了动态调整的过程,即通过团队购买的模式,通过鼓励用户在社交网络传播拼团获得更多的价格优惠。这刺激了产品的指数级病毒传播。

(3)团队购买。在招股书中,拼多多这样描述团队购买:买家可以直接访问我们的平台,也可以通过如微信和QQ等流行的社交网络进行团购。拼多多平台鼓励买家在此类社交网络上分享产品信息,邀请好友、家人和社交联系人组成购物团队,享受"团购"选项下更具吸引力的价格。

拼多多的团购是真正的用户自发组织的、具有高度社交黏性的团购,和以前的团购完全不同。这不是普通的打折促销折扣的另类叫法,通过社交网络病毒传播,拼多多可以做大大规模需求的汇聚,远比普通团购规模大。

拼多多获益颇多,这种团购为拼多多"产生低成本的有机流量和活跃的互动,推动买家基数的指数增长"。

(4)独立的公众机构。在给股东的信中,拼多多认为"它为最广大的用户创造价值而存活。它不应该是彰显个人能力的工具,也不应该有过多的个人色彩"。独立这个词,拼多多在股东信中提到了,用一个很特别的话来诠释独立:展示它作为一个机构独特的社会价值、组织结构和文化,并且遵循着它自身独特的命运生生不息,不断演化。

2. 拼多多直播电商的生态特征

拼多多旨在凝聚更多人的力量，用更低的价格买到更好的东西，体验更多的实惠和乐趣。通过沟通分享形成的社交理念，形成了拼多多独特的新社交电商思维。具体来说，拼多多直播电商的生态特征如表8-8所示。

表8-8 拼多多直播电商的生态特征

项目	说明
平台类型	专注于C2M拼团购物的第三方社交电商平台
用户特性	以公司职员和自由职业者为主，女性用户偏多，追求"折扣"
流量来源	（1）平台公域流量来源：拼多多APP首页； （2）私域流量来源：店铺首页等； （3）社交流量来源：分享链接、分享微信朋友圈、短视频或者直播等
主要供应链	下沉供应链，即成为生产、物流、消费者这三者中的链接者实现重构价值链，对价值链上的利益进行再分配，最终让生产厂家和消费者受益
带货商品属性	日用百货、小吃零食、服饰鞋帽是爆款产品
带货KOL属性	头部主播较少，较为分散，平民化的直播带货
带货模式	通过裂变模式引导消费者出让社会关系，直播带货仍然采用电商+社交+内容模式

8.3.2 拼多多创建直播实操

若要开通拼多多直播，需要申请直播权限，具体操作方法如下。

（1）打开手机桌面中的"拼多多"程序，如图8-22所示。进入界面后单击右下角的"个人中心"按钮，如图8-23所示。

图8-22 打开拼多多APP　　图8-23 单击"个人中心"按钮

第 8 章 其他电商平台实战

（2）在个人中心界面中，单击左上角的"头像"选项，如图 8-24 所示。在操作界面的底端找到"多多直播"按钮，并单击进入，如图 8-25 和图 8-26 所示。

图 8-24　单击"头像"选项　　图 8-25　单击"多多直播"按钮　　图 8-26　进入直播界面

（3）开始直播前，需要完成封面上传，并进行主播实名认证后方可创建直播，如图 8-27～图 8-29 所示。

图 8-27　上传封面　　　　图 8-28　主播实名认证　　图 8-29　单击"开始直播"按钮

201

（4）开始直播前，可通过单击"美化"按钮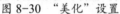进行滤镜和美颜设置，如图 8-30 所示。同时也可通过单击右上角的"更多"按钮，进行镜头切换、关闭镜像、公告牌管理、直播管理等辅助功能设置，如图 8-31 所示。直播过程中，可通过 PK、礼物等互动，增加直播间人气。

图 8-30 "美化"设置　　　　图 8-31 "更多"设置

（5）PC 端也是进入拼多多商家后台首页，在"店铺营销"板块中找到"多多直播"单击"创建直播"就可以了。

知识拓展

在每一次直播之前，商家们都应该制订出完善的直播计划，保证直播流程能够完整有序地运营下去。并且，所处的时间段不同，相应的直播内容和流程都是需要作出调整的。提前制订详细的直播计划，是保证直播顺利进行的重要准备。

课堂活动

活动题目	拼多多直播实操
活动步骤	对学生进行教学分组，每3~5人为一个小组，以小组为单位实施活动
	小组成员拟定一个直播类型，如百货直播、零食直播等，考虑需要确定的直播主题，填写表8-9
	选用合适的直播间分析其直播间的优劣势，并填写表8-10
	每个小组将实训结果进行整理，最终形成实训报告
	教师给予评价

表 8-9 拼多多直播实训项目

拼多多直播主题	
开直播的流程及注意事项	

表 8-10 拼多多直播间的优劣势

直播间类型	该直播间的优点	该直播间的缺点

8.4 唯品会电商平台

唯品会在中国开创了"名牌折扣+限时抢购+正品保障"的创新电商模式,并持续深化为"精选品牌+深度折扣+限时抢购"的正品时尚特卖模式,在线销售服饰鞋包、美妆、母婴、居家等各类名品。唯品会每天准点上线数百个正品品牌特卖,通过深度折扣、最高性价比,为用户创造最大的价值。唯品会率先在国内开创了特卖这一独特的商业模式,加上其"零库存"的物流管理及与电子商务的无缝对接模式,唯品会得以在短时间内在电子商务领域生根发芽。

8.4.1 唯品会直播认知

成立于2008年的唯品会，凭借大牌低价为核心的"线上奥特莱斯"模式快速崛起。2012年，从奢侈品折扣变成了全品牌折扣，更是进入新一轮的超高速增长期。"好货不贵"一直是它的核心卖点之一。在消费升级的大环境下，越来越多的消费者开始注重商品的"质价比"，唯品会的目标客群也因此不断扩大和下沉。2021年，唯品会对其APP进行更新升级，在其更新日志中，"直播频道上线"成功吸引了很多人的目光。

知识拓展

唯品会信息科技有限公司（VIPS）成立于2008年8月，总部设在广东省广州市，旗下网站于同年12月8日上线。

唯品会主营业务为互联网在线销售品牌折扣商品，涵盖名品服饰鞋包、美妆、母婴、居家等各大品类。

2012年3月23日，唯品会在美国纽约证券交易所（NYSE）上市。截至2020年12月31日，唯品会已连续33个季度实现盈利。品会目前累计合作品牌已经近3万家，注册会员3.4亿，用户复购率提高到了89.5%。截至2020年，活跃用户人数已达8390万人，同比增长22%。2020年全年，唯品会实现净营收1019亿元人民币，总订单数量为6.624亿单，用户复购率提高到了87%。

唯品会在中国开创了"名牌折扣＋限时抢购＋正品保障"的创新电商模式，并持续深化为"精选品牌＋深度折扣＋限时抢购"的正品特卖模式。这一模式被形象地誉为"线上奥特莱斯"。2019年7月，唯品会通过收购杉杉奥莱，将线上特卖和线下特卖开始进行深度整合，打造全渠道的特卖体系。

1. 唯品会平台的特点

唯品会平台主要有以下4个特点。

（1）"买手制"选品。唯品会是唯一一家以买手遴选品牌来管理供应链的国内电商，这意味着唯品会的选品很清楚用户想要什么。唯品会有超过1100个品牌的独家销售权。采购团队近千人，有丰富零售业经历。以瑞丽、昕薇等时尚杂志的编辑及百货行业的女装买手为主，确保挑选的品牌符合潮流和消费者的欣赏角度。每次举办闪购前考虑历史数据、流行趋势、季节和顾客反馈。收集、分析、使用顾客行为交易数据，通过顾客关系管理和智能商务系统，也向品牌商提供部分信息。

（2）强大的供应链网络。唯品会采用线上销售模式，通过唯品会自营的网络平台直接销售厂商商品，同时由于唯品会与品牌方、厂商之间，经过长期合作建立了合作信任关系，彼此间有许多的合作模式，如跨季度的商品采购、计划外库存采购、大批量采购、独家专供等，能够实现价格优惠化。唯品会拥有强大的供应链和稳固的品牌合作关系。

（3）仓储物流全面覆盖。从仓库到各城市的干线运输，唯品会自建。唯品会的四个仓库分别在广东省、江苏昆山、四川成都、天津。城市间运输，唯品会和当地两个以上有实力的公司签约，实现城市乡村无盲点快速覆盖。

（4）正品服务保障完善。唯品会以消费者的品质诉求为核心，早在2018年就推出"正品十重保障""品控九条"等一系列正品保障措施，构建了一套完整的包括"全球直采+商品全检+物流追溯+线上线下联动+正品保险+售后"的全程闭环、全程可溯的正品保障体系。

2. 唯品会直播电商的生态特征

唯品会率先在国内开创了"名牌折扣+限时抢购+正品保险"的商业模式，也被称为"闪购"模式，加上其"零库存"的物流管理以及与电子商务的无缝对接模式，唯品会得以在短时间内在电子商务领域生根发芽。具体来说，唯品会直播电商的生态特征如表8-11所示。

表8-11 唯品会直播电商的生态特征

项 目	说 明
平台类型	"精选品牌+深度折扣+限时抢购"的正品时尚特卖模式电商平台
用户特性	以学生群体、白领、家庭主妇为主，女性用户偏多，追求品牌和质量
流量来源	以平台公域流量为主
主要供应链	与多品牌建立合作模式，采取跨季度的商品采购、计划外库存采购、大批量采购、独家专供等形式，通过自营的网络平台直接销售厂商商品
带货商品属性	特卖品牌商品随机性很大，营造线下商场感
带货KOL属性	借助品牌明星代言人、其他合作平台主播以及网红等带动直播
带货模式	依托粉丝经济，利用直播将KOL对粉丝的号召力转化成为带货能力

8.4.2 唯品会创建直播实操

若要开通唯品会直播，需要申请直播权限，具体创建直播间流程如图8-32所示。

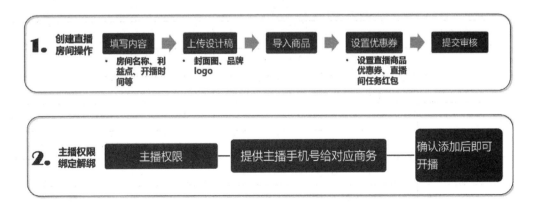

图8-32 唯品会创建直播间流程

课堂活动

活动题目	唯品会直播实操
活动步骤	对学生进行教学分组，每3~5人为一个小组，以小组为单位实施活动
	小组成员拟定一个直播类型，如服饰直播、母婴用品直播等，考虑需要确定的直播主题，填写表8-12
	选用合适的直播间分析其直播间的优劣势，并填写表8-13
	每个小组将实训结果进行整理，最终形成实训报告
	教师给予评价

表 8-12 唯品会直播实训项目

唯品会直播主题	
开直播的流程及注意事项	

表 8-13 唯品会直播间的优劣势

直播间类型	该直播间的优点	该直播间的缺点

本章考核检测评价

1. 谈谈你对小红书用户特性的认识。
2. 简述淘宝直播的带货属性。
3. 试阐述你对拼多多主要供应链的认识。
4. 请说明淘宝直播流量分配的规则。
5. 请说明唯品会平台的特点。

参 考 文 献

[1] 杨浩.直播电商2.0[M].北京：机械工业出版社，2020.
[2] 郭全中.直播电商[M].北京：人民邮电出版社，2020.
[3] 汪永华，郑经全.直播电商运营[M].北京：北京理工大学出版社，2020.
[4] 周莉.直播电商实务[M].成都：西南财经大学出版社，2020.
[5] 刘东明.直播电商全攻略[M].北京：人民邮电出版社，2020.
[6] 席大宏.电商直播[M].郑州：黄河水利出版社，2020.
[7] 徐骏骅，陈郁青，宋文正.直播营销与运营[M].北京：人民邮电出版社，2021.
[8] 王子超，吴炜.抖音短视频运营全攻略[M].北京：人民邮电出版社，2020.